D1636086

LETTERS TO PARENTS IN
READING

Grades 1–6

40 Ready-to-Use Letters in English and Spanish

By Anthony D. Fredericks, Ed.D. and

Elaine Papandrea LeBlanc, Ph.D.

Good Year Books
Parsippany, New Jersey

Dedication

To my parents, who gave me doors to open and dreams to share.—A.D.F.
To my husband, Richard, and my daughter, Christina, who made the dream of parenthood a pleasant reality.—E.P.L.

Good Year Books

are available for most basic curriculum subjects plus many enrichment areas. For more Good Year Books, contact your local bookseller or educational dealer. For a complete catalog with information about other Good Year Books, please write:

Good Year Books
An imprint of Pearson Learning
299 Jefferson Road
Parsippany, New Jersey 07054-0480
1-800-321-3106
www.pearsonlearning.com

Design: Meyers Design
Illustrations: Jack Dickason
Spanish Adaptation: Carolina Cifuentes
Copyright © 1998 Addison-Wesley Educational Publishers, Inc.
All Rights Reserved.
Printed in the United States of America.

ISBN 0-673-36392-9
     4 5 6 7 8 9 - PO - 06 05 04 03 02 01 00

Table of Contents

FROM *LETTERS TO PARENTS IN READING*, PUBLISHED BY GOOD YEAR BOOKS. COPYRIGHT ©1998 GOOD YEAR BOOKS.

Preface

Educators know the importance of parental involvement in a student's reading growth. Parents can be a vital factor in guiding a child's intellectual development as well as providing the foundation for successful school experiences in reading. Educators are also aware that a day has only so many hours in it. Teachers often don't have the extra time needed to create special materials for parents to use with their children.

This book helps solve that problem by providing dozens of carefully prepared letters for parents that teachers can send home weekly. Each of the forty letters focuses on direct and easy-to-implement reading activities that can be incorporated regularly into the family's daily routine without turning the home into a "school away from school." The suggestions and tips are all proven methods for developing and encouraging successful and responsible readers.

Written in easy-to-understand language, *Letters to Parents* gives both parents and teachers scores of additional ideas to encourage positive and regular communication between home and school. These letters are suitable for gifted, developmental, or remedial students and are not tied to any specific grade level. They are also compatible with any reading series since they emphasize basic skills appropriate for any elementary child. All in all, the book is a convenient, ready reference for any teacher seeking to involve parents in the educational process.

New to this edition, all letters and energizers have been adapted in Spanish. On the back of each letter and energizer you will find this adaptation. Ask parents if they would prefer the Spanish letters. Some might like to receive both versions.

How to Use This Book

This book is designed to help you stimulate greater reading achievement for your students through an active partnership with their parents. Each of the letters and activities has been selected after a careful evaluation of the reading needs of most children as well as the requests of many parents. The letters are intended to encourage children and parents to work together for reading success in a relaxed manner within their family situation.

There are forty letters in all. They are organized into fifteen high-interest categories with two or three letters in each category. One category, "Information Please," includes an introductory letter and an evaluation letter. The latter can be used at various times during the year.

Starting at the beginning of the school year, you are encouraged to send home these letters to the parents on a weekly basis. The following procedure is suggested:

1. Photocopy one letter and sign your name in the space provided at the bottom of the letter. Be sure to add the date at the top of the letter.
2. Photocopy the letter in a quantity sufficient for each student in your class.
3. Send the letter home with your students on a selected day of each week (Mondays, for example).
4. Encourage students to work with their parents on the activities and projects listed in individual letters. Emphasize that these are not "homework" assignments, but rather an opportunity for families to work together.
5. You may wish to encourage students to bring in some of their home projects to share with other members of the class. Point out that no grades will be assigned or recorded.

Alternate Strategies

The following strategies may help to facilitate a two-way communication of the letters between home and school:

1. Include a letter as part of a regular newsletter/newspaper sent home by the school or prepared by your students.
2. Clip the letters to regular classwork or homework papers sent home weekly to parents.
3. Write a brief, personalized note at the bottom of each letter commenting on something positive about the student.
4. Schedule regular workshops at school throughout the year at which parents can share their favorite home reading activities. Be sure to share some additional reading activities as well.
5. Ask the principal or superintendent to prepare a special introductory letter to parents explaining the letters and suggesting an end-of-the-year surprise for participating families. Attach the first parent letter.

There are many more ways that you can use to distribute these letters to parents. Encourage your students to suggest alternate methods for getting the letters home.

FROM *LETTERS TO PARENTS IN READING*, PUBLISHED BY GOOD YEAR BOOKS. COPYRIGHT ©1998 GOOD YEAR BOOKS.

Special Features

In addition to these letters, this book contains several other features that will make your job easier. The first category, "Information Please," includes an INTRODUCTORY LETTER that explains to parents the importance of their involvement in their child's reading. You may want to send this letter home during the first weeks of school.

An additional feature included in this first category is an EVALUATION LETTER that is designed to enable parents to react to the letters that you have sent home. You may want to send this letter home with regular school progress reports.

The third feature is a SKILL ORGANIZATION CHART. This chart will enable you to coordinate the letters with the following skill areas: word attack, vocabulary, comprehension, and study skills. This chart can be found on page 9.

The fourth feature is the SPECIAL ENERGIZERS section. The Energizers are designed to provide parents with more in-depth information on topics contained within the parent letters. At the top of each Energizer is a note telling which parent letter(s) that Energizer coincides with. They will provide you, the teacher, with a variety of ideas to offer to parents to help promote reading in the home.

There are several ways these pages can be used. First, the materials can be sent home to individual parents who request particular information in response to one of the periodic evaluation letters you are encouraged to use. Second, the Energizers can be sent home attached to the parent letters that address the same topic. Third, they may be useful to distribute during parent-teacher conferences if the conferences are scheduled at convenient times. Finally, these support materials may be used as a basis for several workshops for parents.

Skill Organization Chart

These letters are not organized into a rigid pattern. Consequently, teachers can send letters home in any order that blends with their reading program or satisfies the needs of their pupils. You are encouraged, however, to send the letters home on a once-a-week basis throughout the year to achieve maximum results.

Teachers interested in correlating general reading skills within these letters with other reading materials may find the following chart to be appropriate. It lists the individual letter titles down the left-hand side of the chart and general skill areas across the top of the chart. Bullets are then positioned within the chart according to the skill areas emphasized in each letter. This format allows you to individualize your letter selection. For example, if you wanted to send home letters reinforcing comprehension skills you could select some from the third column. At the same time, there may be other students who need extra support with vocabulary. Several letters could be chosen from the second column. This process allows you to select the letters most appropriate to individual needs.

NOTE: You may find it helpful to duplicate multiple copies of each letter as well as the special energizers at the beginning of the school year and place them in a three-ring binder. As individual needs arise, you can then select materials in a quick and convenient manner.

Skill Organization Chart

	Word Attack	Vocabulary	Comprehension	Study Skills
1. Introductory Letter				
2. Evaluation Letter				
3. Sharing Reading Time		●	●	●
4. Reading Aloud with Your Child			●	
5. Making Reading Fun			●	●
6. Motivating Your Child Through Television			●	
7. Family Reading Activities		●		●
8. Setting a Good Example				●
9. Providing Encouragement		●		●
10. Building Positive Attitudes	●			
11. Selecting Books with Your Child			●	
12. Children's Interests			●	
13. Selecting Books for Your Child: Resources			●	●
14. Developing Good Comprehension			●	●
15. Comprehension Hints			●	
16. More Comprehension Boosters		●	●	
17. The Importance of Questions			●	
18. Story Questions			●	
19. Asking Everyday Questions			●	●
20. Vocabulary Growth		●		
21. Learning New Words		●		
22. A Strong Vocabulary		●		●
23. Reading and Writing				●
24. Writing at Home		●	●	●
25. Providing Many Experiences		●	●	
26. Learning from Experiences		●		
27. Experiences Leading to Reading		●	●	●
28. Using Children's Magazines			●	
29. Children's Book Clubs		●	●	
30. In the Public Library			●	
31. Public Library Services	●			
32. Using the Newspaper			●	●
33. Newspaper Activities	●	●	●	●
34. Newspaper Fun	●	●	●	
35. Information Agencies			●	●
36. Special Parent Brochures		●		
37. Free Book Lists			●	●
38. Winter Vacation Activities		●		
39. Spring Vacation Activities		●		●
40. Summer Vacation Activities	●	●	●	●

Introductory Letter

Dear Parents,

Our class will be studying many new ideas in reading this year. Students will be learning word meanings and how to comprehend more of what they read. All of the reading lessons will be filled with exciting stories and lots of valuable learning experiences.

I would like to invite you to become a partner in your child's learning experiences in reading this year. I believe your involvement will help your child attain a higher level of reading success. This partnership between home and school can provide your child with a wealth of learning opportunities that will last a lifetime.

In order to help reinforce the work we are doing in the classroom, I will be sending home prepared parent letters regularly with activities for you and your child to share. These letters are designed to provide you with ideas that can help your child become the best reader possible. Each letter contains several choices of activities to share—activities that will reinforce your child's reading habit without disrupting your schedule. There are no special materials to buy; no expensive equipment or electronic gadgets are required. Your only investment is a few moments of your time each day— a few moments that can make a world of difference in your child's education.

I look forward to your participation in our reading experiences this year. If you have any questions about these letters or activities, please feel free to contact me. Let's work together this year to help your child succeed in reading!

Sincerely,

Carta de introducción

Estimados padres de familia:

Nuestra clase va a estudiar muchas ideas nuevas relacionadas con la lectura este año. Los estudiantes aprenderán significados de palabras y cómo comprender mejor lo que leen. Todas las lecciones de lectura incluirán cuentos emocionantes y una gran cantidad de valiosas experiencias de aprendizaje.

Quisiera invitarlos a que acompañen a su hijo o hija en las experiencias educativas de lectura este año, ya que considero que la participación suya ayudará a que su hijo o hija obtenga un mayor nivel de éxito en la lectura. Una cooperación como ésta entre el hogar y la escuela le da al estudiante una riqueza de oportunidades de aprendizaje que le servirán toda la vida.

Para reforzar el trabajo que hacemos en clase, les mandaré con regularidad cartas ya preparadas con actividades para que las lleven a cabo con su hijo o hija. Las cartas están diseñadas para darles ideas que pueden ayudar al estudiante a ser el mejor lector posible. Cada carta contiene varias actividades para elegir: actividades que refuerzan el hábito de lectura de su hijo o hija sin interferir con el horario familiar. No hay que comprar materiales especiales ni equipo caro ni aparatos electrónicos. Lo único que hay que invertir es unos pocos minutos de su tiempo cada día: unos pocos minutos que pueden dar lugar a una inmensa mejoría en la educación de su estudiante.

Espero con entusiasmo su participación en nuestras experiencias de lectura este año. Si tienen alguna pregunta sobre las cartas o las actividades, por favor comuníquense conmigo. ¡Trabajemos en conjunto este año para ayudar a que su hijo o hija tenga éxito en la lectura!

Atentamente,

Evaluation Letter

Dear Parents,

For the last several weeks you and your child have shared the parent reading letters portion of our classroom reading program. As you know, these letters have been sent home to help you share ideas that reinforce skills taught in the classroom.

I am very interested in learning about your reaction to these letters. Your ideas will help me understand your child better so that I might be able to provide you with additional ideas. Will you please take a few moments of your time to complete the items below and have your child return this form to school? Thanks for your interest and participation.

Sincerely,

My child and I found the reading letters to be: (check one)
☐ Very interesting
☐ Good
☐ Average
☐ Not interesting

Comments:

I would like to receive additional reading materials to use at home.
☐ Yes   ☐ No

_____   _____
Signature of parent/guardian   Date

Carta de evaluación núm.

Estimados padres de familia:

Durante las semanas anteriores, han participado con su hijo o hija en la parte de nuestro programa de lectura que se basa en las cartas a los padres sobre la lectura. Como ya saben, estas cartas se mandan a casa para darles ideas que sirven para reforzar las destrezas que se enseñan en clase.

Tengo gran interés en saber qué les parecen las cartas. Sus ideas me ayudarán a entender mejor las necesidades de su hijo o hija y por lo tanto me permitirá mandarles otras ideas más. Por favor tomen unos minutos de su tiempo para completar lo que se indica abajo y pídanle a su hijo o hija que lleve esta hoja de vuelta a clase. Muchas gracias por su interés y participación.

Atentamente,

Mi hijo/hija y yo consideramos que las cartas son: (marque una)
☐ Muy interesantes
☐ Buenas
☐ Regulares
☐ No son interesantes

Comentarios:

Me gustaría recibir más materiales de lectura para usar en casa.
☐ Sí   ☐ No

_____

Firma de uno de los padres/tutor   Fecha

Sharing Reading Time

Dear Parents,

Reading stories to your children is a most valuable activity. When children listen to adults read, it helps them develop an appreciation for written material and for the ideas and thoughts that books can convey. Many experts in the field of reading have determined that parents who read to their children on a regular basis are more likely to have children who are good readers.

Reading aloud is perhaps the most important way you can guide your child toward reading success. You can open up whole new worlds of adventure and mystery that cannot be found anywhere else, including TV! Children who have been read to will undoubtedly be eager to read for themselves because they know of the pleasures to be found in books. Here are some suggestions:

1. Before reading to your child, practice reading aloud by yourself the first few times to feel more comfortable.
2. Establish a relaxed atmosphere with no radios, TV, or other distractions. Try setting aside a family reading time when everyone reads.
3. Encourage your child to stop you to ask questions or to point out details. This shows that your child is interested in what you are reading.
4. You may want to stop from time to time in your reading to ask questions about some of the characters or events in the story. Ask questions like "Why do you think he/she did that?"
5. As you read a story, record it on cassette tape. Later, your child can listen to the story again just by playing the tape independently.

READING "SPARKLER" OF THE WEEK: Help your child create a personal bookmark for use in his or her books. Put a wallet-sized photo of your child or family between two pieces of clear Contac® paper. Then sprinkle in some glitter or colored confetti, seal, and cut to size. Your child may want to make personalized bookmarks for other members of the family too.

Sincerely,

Juntos a la hora de leer

Estimados padres de familia:

Leer cuentos a sus niños es una actividad valiosísima. Cuando los niños escuchan a los adultos leer, les ayuda a ir valorando los materiales escritos y las ideas y pensamientos que los libros transmiten. Muchos expertos en el campo de la lectura han determinado que los padres que les leen a sus hijos con regularidad tienen más probabilidades de tener niños que son buenos lectores.

Leer en voz alta es quizás la manera más importante en que ustedes pueden guiar a su hijo o hija para que tenga éxito en la lectura. Se abren mundos nuevos de aventura y misterio que no se encuentran de ninguna otra forma, ¡ni por televisión! Los niños a quienes les han leído sin duda tendrán ganas de leer por sí mismos porque han experimentado el gozo que dan los libros. A continuación se dan algunas sugerencias:

1. Antes de leerle a su hijo o hija, lean en voz alta por su cuenta a fin de que la práctica les dé más seguridad.
2. Establezcan una atmósfera relajada sin radios, televisión u otras distracciones. Traten de apartar un tiempo dedicado a la lectura familiar para que todos lean.
3. Animen a su hijo o hija a que les haga preguntas o señale detalles a medida que le leen. Eso demostrará que está interesado(a) en lo que ustedes leen.
4. Si desean, hagan pausas de vez en cuando para hacer preguntas sobre los personajes o los hechos del cuento. Hagan preguntas, como "¿Por qué crees que el/ella hizo eso?"
5. A medida que lean un cuento, grábenlo en un casete. Más adelante su hijo o hija podrá escuchar el cuento otra vez simplemente con tocar el casete en forma independiente.

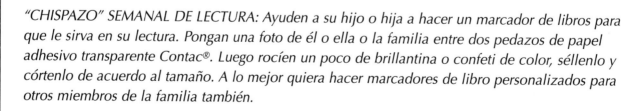

"CHISPAZO" SEMANAL DE LECTURA: Ayuden a su hijo o hija a hacer un marcador de libros para que le sirva en su lectura. Pongan una foto de él o ella o la familia entre dos pedazos de papel adhesivo transparente Contac®. Luego rocíen un poco de brillantina o confeti de color, séllenlo y córtenlo de acuerdo al tamaño. A lo mejor quiera hacer marcadores de libro personalizados para otros miembros de la familia también.

Atentamente,

Reading Aloud with Your Child

Dear Parents,

Learning to read is one of the most valuable skills your child can ever learn. One practice that helps children continue on the road to reading success is for parents to set aside a special time each day to read with their children. This sharing time is important since it demonstrates to your child that reading can be fun, exciting, and informative. Best of all, when parents and children read together they have a special sharing time—available in no other activity. This time together not only helps your child develop a positive relationship toward books, but also reinforces the important emotional bond between parent and child. Plan to take a few moments each day to share the joy of literature with your child. Here are some ideas:

1. Give your child plenty of opportunities to choose the reading materials you read together. Let him or her pick books based on special interests or hobbies.
2. Read aloud with lots of expression. You may wish to take on the role of one of the characters in a book and adjust your voice accordingly.
3. As you read an old familiar story to your child, occasionally leave out a word and ask your child to supply the missing word or a synonym.
4. Every once in a while do some shared reading. You read one paragraph to your child and your child reads one paragraph to you.
5. Make reading a regular part of your family activities. Be sure to take books along on family outings or trips. Read to your child every chance you get.

READING "SPARKLER" OF THE WEEK: Cut out words from newspaper headlines and place them in a small bag. Ask your child to reach in the bag and select a word. Direct him or her to use the word in a sentence. Write these sentences and post them on the refrigerator or family bulletin board. Older children may wish to select sentences from the newspaper that have been cut out and put in a box. Each sentence can be used in an original story created by your youngster.

Sincerely,

Leer en voz alta con su hijo o hija

Estimados padres de familia:

Aprender a leer es una de las destrezas más valiosas que su hijo o hija pueda aprender. Una costumbre que ayuda a los niños a seguir en el camino del éxito en la lectura es que los padres aparten un tiempo especial todos los días para leer con sus hijos. Ese tiempo de compartir es importante, ya que le demuestra al niño que la lectura puede ser divertida, emocionante e informativa. Lo mejor de todo es que cuando padres e hijos leen juntos comparten un rato especial, que no lo encuentran en ninguna otra actividad. Ese tiempo que pasan juntos no sólo ayuda a los niños a formarse una actitud positiva hacia los libros, sino también refuerza el importante lazo emocional entre padres e hijos. Dediquen unos minutos cada día a compartir el gozo de la literatura con su hijo o hija. A continuación se dan unas ideas:

1. Den a su hijo o hija amplias oportunidades de escoger los materiales que leen juntos. Dejen que escoja libros de acuerdo a intereses especiales o pasatiempos.
2. Lean en voz alta con mucha expresión. Si desean, hagan el papel de uno de los personajes de un libro y ajusten su voz a la del personaje.
3. A medida que leen un viejo cuento conocido, de vez en cuando excluyan una palabra y pídanle a su hijo o hija que diga la palabra que falta o un sinónimo.
4. De vez en cuando lean por turnos. Usted le lee un párrafo y después su hijo o hija le lee un párrafo a usted.
5. Hagan que la lectura forme parte de sus actividades familiares de costumbre. Asegúrense de llevar libros a salidas o viajes familiares. Lean a su niño en cada oportunidad que tengan.

"CHISPAZO" SEMANAL DE LECTURA: Recorte palabras de titulares de periódicos y colóquelos en una bolsa pequeña. Pida a su hijo o hija que saque una palabra de la bolsa y que la use en una oración. Escriba esas oraciones y póngalas en el refrigerador o en un tablero familiar. Los niños de mayor edad podrían escoger oraciones del periódico que hayan recortado y colocado en una caja. Cada oración puede usarse en un cuento original inventado por el niño.

Atentamente,

FROM *LETTERS TO PARENTS IN READING*, PUBLISHED BY GOOD YEAR BOOKS. COPYRIGHT ©1998 GOOD YEAR BOOKS.

Making Reading Fun

Dear Parents,

In order for children to enjoy reading and make it a significant part of their lives, they must be motivated to explore new books and stories. We know that children who are motivated to read are children who will want to read. One way that children become motivated to read is when they are provided with opportunities to become more involved in the reading process. When children feel that they are a part of the action or can relate the action to their own personal experiences, they will develop a very positive attitude toward their own reading development. Try these motivators:

1. Help your child set up his or her own home library system. Ask your child for possible categories of books (i.e., scary books, fun books, action books). Make up signs and post them over the family bookcase.

2. Ask your child to make up "reviews" of some of his or her books. Write these on separate index cards and keep them in a file box. When your child is unsure of a book to read, a quick check through the box may locate an old favorite.

3. Help your child write letters to some prominent people in your town or community (mayor, sports figure). Ask these people about their favorite books and why they enjoyed them. This may be a stimulus for your child to read them too.

4. Take lots of photographs of your child reading, either alone or with someone else. Paste these on sheets of paper and ask your child to suggest titles for each one. Then display them.

5. After you and your child finish reading a book together, create a puppet or model of one of the characters. These can be displayed on top of the bookcase.

READING "SPARKLER" OF THE WEEK: After you and your child have finished reading a book together, encourage your child to draw new illustrations on separate sheets of paper. He or she may wish to include family members in the drawings in place of the regular characters. Use these illustrations the next time you read the actual book with your child. Older children may wish to locate illustrations from old children's classics and develop a brand-new story that can be recorded or written.

Sincerely,

Disfrutar de la lectura

Estimados padres de familia:

Para que los niños disfruten de la lectura y que ésta forme parte significativa de su vida, deben estar motivados para descubrir libros y cuentos. Se sabe que los niños que están motivados para leer son niños que van a querer leer. Una manera en que los niños se motivan para leer es cuando encuentran oportunidades de participar más en la lectura. Cuando sienten que son parte de la acción o cuando relacionan la acción a sus experiencias personales, reaccionan con una actitud positiva en cuanto a su propio progreso en la lectura. Intenten los siguientes estímulos:

1. Organicen con su hijo o hija un sistema de biblioteca familiar. Pregúntenle qué categorías de libros tiene, por ejemplo, libros de cuentos de miedo, libros divertidos y libros de aventuras. Hagan rótulos y pónganlos sobre el librero familiar.

2. Pídanle que invente "comentarios" de algunos de sus libros. Se escriben en tarjetas de fichero y se guardan en una caja para archivar. Cuando su hijo o hija no sepa qué libro leer, un vistazo a las tarjetas de la caja podría indicar uno de los favoritos.

3. Ayúdenle a leer cartas a personas importantes de la comunidad, como el alcalde o un deportista. Se les pregunta a esas personas cuáles son sus libros favoritos y por qué les gustaron. Esto podría ser un estímulo para leer el libro.

4. Tomen muchas fotos de su hijo o hija leyendo, ya sea a solas o con alguien más. Peguen las fotos en hojas de papel y pregúntenle qué título darle a cada una. Después exhiban las fotos.

5. Después de leer un libro con su hijo o hija, hagan un títere o modelo de uno de los personajes. Éstos se podrían colocar arriba del librero.

"CHISPAZO" SEMANAL DE LECTURA: Después de leer un libro con su hijo o hija, sugiéranle que dibuje nuevas ilustraciones en hojas de papel. Si desea, podría dibujar a miembros de la familia en vez de los personajes del libro. Esas ilustraciones se pueden usar la siguiente vez que lean el libro juntos. Los niños de mayor edad podrían buscar ilustraciones en libros clásicos viejos e inventar otro cuento y grabarlo o escribirlo.

Atentamente,

Motivating Your Child Through Television

Dear Parents,

Many parents are concerned about the influence of TV on their children's reading development. Television has become a major source of entertainment for many American families and its influence can be felt in several aspects of our daily lives. TV can also have a positive effect on your child's growth in reading. It can spark and illuminate many new and exciting adventures for your child. You may find the following ideas appropriate for blending TV and reading:

1. Note your child's special TV interests and provide him or her with books about those interests.
2. Join your child in watching some of his or her favorite TV programs. Bring up the ideas of cause and effect by asking questions such as: "Why did the character do that?" or "What do you think will happen next?"
3. Listening is a natural TV skill that can be transferred to reading. Select an article about an upcoming TV program or noted TV personality and read it to your child. Ask your child to listen for specific facts or ideas. Give your child opportunities to read TV reviews to you too.
4. Encourage your child to read the newspaper regularly. Suggest that your child look for articles about TV personalities or special programs.
5. Help your child determine what on TV is real or unreal, fantasy or fact, true or false. Discuss TV programs your child watches that may involve these elements as well as those that portray different cultures than yours.

READING "SPARKLER" OF THE WEEK: Work with your child to create some puppets similar to those in a favorite book. Use popsicle sticks, cloth, and other materials. Plan a small play to put on for other family members. If possible have a tape recorder to save the "production."

Sincerely,

Motivar por medio de la televisión

Estimados padres de familia:

Muchos padres se preocupan por la influencia de la televisión en el progreso de lectura de sus hijos. La televisión se ha convertido en una gran fuente de entretenimiento para muchas familias del país, y su influencia se siente en varios aspectos de nuestra vida diaria. La televisión también puede causar un efecto positivo en la lectura de los niños. Puede iniciar e iluminar muchas nuevas y emocionantes aventuras. Si les parecen apropiadas, aprovechen las siguientes ideas para combinar la televisión y la lectura:

1. Fíjense qué le interesa más a su hijo o hija en los programas de televisión y denle libros sobre esos intereses.

2. Cuando él o ella vea sus programas favoritos, véanlos juntos. Para hablar de causas y efectos, hagan preguntas como: "¿Por qué hizo eso el personaje?" o bien "¿Qué crees que va a pasar después?"

3. Escuchar es una destreza que se usa al ver televisión y que puede transferirse a la lectura. Seleccionen un artículo sobre un próximo programa o un personaje de televisión y léanlo a su hijo o hija. Pídanle que ponga atención a datos o ideas específicas. Denle oportunidades para leerles a ustedes comentarios sobre programas de televisión.

4. Animen a su hijo o hija a leer el periódico con regularidad. Sugieran que busque artículos sobre personajes de televisión o programas especiales.

5. Ayuden a su hijo o hija a determinar qué, entre lo que se ven en televisión, es real o no, fantasía o hecho, verdadero o falso. Hablen sobre programas de televisión que él o ella ve y que contengan esas características, así como los que presentan culturas diferentes a la suya.

"CHISPAZO" SEMANAL DE LECTURA: Elaboren con su hijo o hija algunos títeres similares a los de un libro favorito. Utilicen paletas de helado, telas y otros materiales. Planifiquen una pequeña obra de teatro para presentarla a otros miembros de la familia. Si es posible, graben el "espectáculo".

Atentamente,

Family Reading Activities

Dear Parents,

There are a wide variety of reading activities that all members of the family can participate in together. These kinds of activities can be done while the family is driving somewhere, sitting down at the dinner table, on vacation, or engaged in daily activities. Some of these suggestions should be part of each child's daily "reading lessons." They help to illustrate the fun that can be had with language.

1. Leave lots of notes around the house. These can be positive messages about something your child has done or a reminder about chores or weekend activities. Get in the habit of writing a message instead of saying it.
2. When your child wants to play a familiar game, ask him or her to tell you the directions in the proper order or to write them down. With a new game, ask your child to read the directions to you.
3. Give your child a mail-order catalog and ask him or her to locate specific items and read them to you. Or give your child a certain amount of "play money" and ask him or her to locate five items that can be purchased with that amount.
4. When the family is gathered together and talking, ask your child to listen for a particular word (i.e., *money, school*) and write down the number of times it is heard.
5. Put your child in charge of a family calendar. Your child can keep track of dentist appointments, vacation time, school holidays, and upcoming birthdays, etc.

READING "SPARKLER" OF THE WEEK: Have your child make up a colorful poster each month that "advertises" a specific reading topic, such as "sports stories" or "mysteries." Then discuss the books from your home library and list appropriate ones on the poster as possible reading selections for your child. He or she can cut out words from magazine ads as examples ("New," "Exciting," "Be the first on your block…") before or after a book is read.

Sincerely,

Actividades de lectura en familia

Estimados padres de familia:

Hay una gran variedad de actividades de lectura en que todos los miembros de la familia pueden participar juntos. Este tipo de actividades pueden realizarse mientas la familia viaja por carro, está sentada a la mesa, está de vacaciones o lleva a cabo actividades cotidianas. Algunas de estas sugerencias deberían ser parte de las "lecciones de lectura" diarias de todo niño. Son ejemplos de la diversión que puede tenerse con el lenguaje:

1. Dejen muchas notas en distintas partes de la casa. Algunas pueden ser mensajes positivos sobre algo que su hijo o hija ha hecho bien o un recordatorio de quehaceres o actividades del fin de semana. Habitúense a escribir mensajes en vez de decirlos.

2. Cuando su hijo o hija quiera jugar un juego conocido, pídanle que diga las instrucciones en el orden correcto o que las escriba. Con un juego nuevo, pídanle que les lea las instrucciones en voz alta.

3. Denle un catálogo para comprar por correo y pídanle que busque artículos específicos y les lea la información a ustedes. O bien, denle una cantidad de dinero de juguete y pídanle que busque cinco artículos que puedan comprarse con esa cantidad.

4. Cuando la familia esté reunida conversando, pídanle a su hijo o hija que escuche cuántas veces se menciona una palabra en particular, como "dinero" o "escuela", y lo anote.

5. Pongan a su hijo o hija a cargo de un calendario familiar, de manera que anote citas con el dentista, vacaciones, días de feriado escolar, cumpleaños próximos, etc.

"CHISPAZO" SEMANAL DE LECTURA: Pidan a su hijo o hija que haga un cartel colorido mensual para "anunciar" un tema específico de lectura, como "cuentos deportivos" o "misterios". Luego conversen sobre libros de su biblioteca familiar y anoten los que se relacionen con el cartel como opciones para lectura. Sugieran que su niño recorte palabras de anuncios de revistas, como "Nuevo", "Emocionante", "Sea el primero de la cuadra…", antes o después de leer un libro.

Atentamente,

Setting a Good Example

Dear Parents,

Helping your child develop the skills necessary to become a successful reader can be one of the most important jobs you do. In fact, children's success in reading is often determined by the importance given to it by their parents. In other words, parents who value and appreciate reading will tend to have children who also value and appreciate reading.

By setting a good example, you will be helping to show your child that reading can be an important part of his or her life just as it is an important part of your life. Parents who read tend to have children who read as well. You may wish to consider the following points in setting a good example for your child:

1. Set aside a special time each day for all family members to read together. You may wish to use this time as a silent reading time or an opportunity for family members to read to each other.
2. Be sure your child has plenty of opportunities to see you reading (and enjoying it). Take some time occasionally to tell your child about some of the things you enjoy reading.
3. Subscribe to magazines and newspapers whenever possible. Children who see lots of reading material coming into the house will be eager to read some of it for themselves.
4. Visit the public library frequently and bring home lots of books. Be sure to check out books for yourself as well as encouraging other family members to do so too. Keep a constant flow of books coming into the house at all times.
5. Share with your child some interesting topics that you enjoyed as a child. Encourage your child to explore some of the literature you read when you were growing up.

READING "SPARKLER" OF THE WEEK: Make up a map of the location of events for a favorite story of your child. You may wish to look in an atlas or road map. You and your child may even wish to construct an imaginary map and post it in his or her room. Older children may wish to write in a few actual events that took place in special locations and keep these maps beside the corresponding books in the family bookcase.

Sincerely,

Dar un buen ejemplo

Estimados padres de familia:

Una de las tareas más importantes que pueden hacer es ayudar a su hijo o hija a desarrollar las destrezas necesarias para ser un buen lector. De hecho, el éxito que los niños tienen en la lectura frecuentemente se determina por la importancia que le den a ésta los padres. En otras palabras, los padres que valoran y aprecian la lectura tienden a tener niños que también valoran y aprecian la lectura.

Al dar un buen ejemplo, le demostrarán al niño que la lectura puede ser una parte importante de su vida así como es una parte importante de la suya. Los padres que leen por lo general tienen niños que leen también. Tomen en cuenta los siguientes puntos para dar un buen ejemplo a su hijo o hija:

1. Aparten un tiempo especial cada día para que todos los miembros de la familia lean juntos. Por ejemplo, pueden dedicar ese tiempo para lectura en silencio o para que los miembros de la familia se lean unos a otros.
2. Asegúrense de que su hijo o hija tenga abundantes oportunidades de verlos leer (y disfrutarlo). De vez en cuando dediquen unos minutos para contarle lo que les gusta leer.
3. Cuando sea posible, suscríbanse a revistas y periódicos. Los niños que ven mucho material de lectura llegar a casa tendrán ganas de leer algo de ello solos.
4. Visiten la biblioteca pública frecuentemente y lleven a casa muchos libros. Asegúrense de sacar libros para ustedes y de animar a otros miembros de la familia a que hagan lo mismo. Mantengan un flujo continuo de libros que lleguen a casa todo el tiempo.
5. Conversen con su hijo o hija sobre algunos temas interesantes que ustedes hayan disfrutado en su niñez. Sugiéranle que lea parte de la literatura que ustedes leyeron cuando tenían su edad.

"CHISPAZO" SEMANAL DE LECTURA: Hagan un mapa de localización de hechos que ocurren en uno de los cuentos favoritos de su hijo o hija. Si desean, utilicen un atlas o un mapa de carreteras. Incluso, hasta podrían elaborar un mapa imaginario y colocarlo en el dormitorio. Los niños de mayor edad podrían escribir algunos hechos reales que ocurrieron en lugares especiales y guardar los mapas al lado de los libros correspondiente en el librero familiar.

Atentamente,

Providing Encouragement

Dear Parents,

As children grow up, they naturally look to adults for guidance. Often children develop their own habits and personality based upon what they see parents and other adults do. For example, a child who sees a parent read a great deal will be inclined to want to read too. Setting a good example involves more than just giving your child lots of books. It also involves a measure of encouragement and respect for your child as he or she grows up. You can contribute greatly to your child's reading development through some of the following practices:

1. Give your child lots of praise as he or she learns new skills in reading. A little praise each day can go a long way toward building successful students.
2. Don't compare your child with others in the family or in the neighborhood. Respect your child as an individual and allow him or her to grow in his or her own special way.
3. Listen to your child and encourage him or her to talk with you. Ask your child to share parts of his or her day with you on a regular basis.
4. Be patient. Remember that growing and learning both take time. Try not to rush your child into something he or she may not be ready to do.
5. Try to have a dictionary, encyclopedia, or some other reference source to check on new words or facts. Be sure to use these regularly yourself.
6. Make books and magazines a regular part of your gift-giving. Birthdays, holidays, or any other occasion provide wonderful opportunities to share the joy of books with your child.

READING "SPARKLER" OF THE WEEK: Obtain a menu from a nearby restaurant. Ask your child to look through old magazines and cut out pictures of food items printed on the menu. Paste these pictures on separate pieces of paper and direct your child to suggest four to five descriptive words for each picture. These words can be printed on each sheet and the sheets collected into a special scrapbook (which can be taken to the restaurant next time you visit). Older children may wish to plan a dinner for the entire family using the menu and a specific amount of money.

Sincerely,

Dar ánimo

Estimados padres de familia:

A medida que los niños crecen, por naturaleza buscan la guía de los adultos. Muchas veces los niños se forman hábitos y personalidad en base a lo que ven que los padres y otros adultos hacen. Por ejemplo, un niño que ve que uno de sus padres lee mucho se inclinará a leer también. Dar un buen ejemplo implica más que sólo darle al niño cantidades de libros. También implica proveerle ánimo y respeto a medida que crece. Una gran contribución que pueden darle a su hijo o hija en su progreso en la lectura es por medio de las siguientes actividades:

1. Denle muchos elogios a medida que aprende nuevas destrezas de lectura. Unos cuantos elogios diarios pueden dar un gran resultado en la formación de buenos estudiantes.

2. No comparen a su hijo o hija con otros miembros de la familia o con vecinos. Respeten su individualidad y permítanle crecer en su propia manera.

3. Escuchen a su hijo o hija y promuevan el diálogo entre ustedes. Pídanle que les cuente parte de lo que pasa en su vida diaria.

4. Tengan paciencia. Recuerden que madurar y crecer llevan tiempo. Traten de no apresurarse a pedirle al niño que haga algo para lo que no está listo.

5. Procuren tener un diccionario, enciclopedia o alguna otra fuente de consulta para buscar palabras nuevas o datos. Asegúrense de usarlas ustedes mismos con regularidad.

6. Acostúmbrense a regalar libros y revistas. Los cumpleaños, las fiestas o cualquier otra ocasión proveen oportunidades magníficas para compartir el gozo de los libros con su niño.

"CHISPAZO" SEMANAL DE LECTURA: Obtengan un menú de un restaurante cercano. Pidan a su hijo o hija que busque en revistas viejas dibujos de comidas escritas en el menú y que las recorte. Peguen los dibujos en diferentes hojas de papel e indiquen a su niño que sugiera cuatro o cinco adjetivos (palabras descriptivas) por cada dibujo. Esas palabras se escriben en cada hoja y las hojas se juntan para formar un folleto especial (que pueden llevar al restaurante en la próxima visita). Los niños de mayor edad podrían planear una cena para toda la familia usando el menú y una cantidad específica de dinero.

Atentamente,

FROM *LETTERS TO PARENTS IN READING*, PUBLISHED BY GOOD YEAR BOOKS. COPYRIGHT ©1998 GOOD YEAR BOOKS.

Building Positive Attitudes

Dear Parents,

Much of a child's personality is determined by the action of others in his or her life. When children see adults sharing ideas and thoughts, children want to share too. When children experience lots of love and affection in the home, they tend to be affectionate too. It's not unusual, therefore, for children to imitate adults, especially their parents. The things we do and say often have an effect on the way our children develop, particularly in terms of their self-esteem or belief in themselves. Helping children build positive attitudes through good examples can be a most worthwhile parent activity.

Checklist for Parents (Check those that are true.)
1. I avoid comparing my child with others.
2. Our family shares lots of care and love.
3. I accept my child as he or she is.
4. I make a special effort to listen to my child.
5. I try new things and encourage my child to do so as well.
6. I try to praise my child regularly.
7. I talk with my child, encouraging him or her to share both happy and sad parts of the day.
8. I read on a regular basis and read to my child regularly too.
9. I plan time each day when my child and I can play together.
10. I respect my child as a valuable member of the family.

READING "SPARKLER" OF THE WEEK: Get a bag of large dried beans. Take out about fifty and, using a magic marker, print a letter of the alphabet on each one. Put these into a jar and give it to your child. Ask your child to pick out a bean and say a word that begins with that letter. Do this with five or six beans. You may wish to have your child pick out several beans and make up a sentence—each bean standing for one word in the sentence. Encourage your child to think of some other "letter bean" games too.

Sincerely,

Formar actitudes positivas

Estimados padres de familia:

Gran parte de la personalidad de un niño se determina por las acciones de las personas que lo rodean. Cuando los niños ven que los adultos intercambian ideas y pensamientos, los niños quieren hacer lo mismo. Cuando los niños experimentan mucho amor y cariño en casa, por lo general ellos también son cariñosos. Lo que hacemos y decimos frecuentemente causa un efecto en la manera en que se forman nuestros niños, particularmente en cuanto a la imagen de sí mismos o autoestima. Contribuir a la formación de actitudes positivas por medio de buenos ejemplos es una de las funciones más valiosas de un padre.

Lista de verificación para padres (Marque lo que sea verdadero.)

1. Evito comparar a mi hijo(a) con otros niños.
2. En nuestra familia se dan muchos cuidados y amor.
3. Acepto a mi hijo(a) como es.
4. Me esfuerzo de manera especial para escuchar a mi hijo(a).
5. Intento cosas nuevas y animo a mi hijo(a) a que haga lo mismo.
6. Trato de elogiar a mi hijo(a) con regularidad.
7. Converso con mi hijo(a), dándole ánimo para que cuente tanto los momentos felices como los tristes del día.
8. Leo con frecuencia y también le leo a mi hijo(a) con frecuencia.
9. Planeo un tiempo cada día para jugar con mi hijo(a).
10. Respeto a mi hijo(a) como miembro valioso de la familia.

"CHISPAZO" SEMANAL DE LECTURA: Consigan una bolsa de frijoles secos grandes. Tomen alrededor de cincuenta y, con un marcador, escriban una letra en cada uno. Pónganlos en un frasco y dénselo a su niño. Pídanle que escoja un frijol y que diga una palabra que empiece con esa letra. Hagan lo mismo con cinco o seis frijoles. Si desean, pídanle que escoja bastantes frijoles y forme una oración, de manera que cada frijol represente una palabra en la oración. Animen a su hijo o hija a inventar otros juegos de "letras y frijoles".

Atentamente,

Selecting Books with Your Child

Dear Parents,

Having books to read can be a very important part of the reading development of your child. It teaches your child that reading is a valuable part of his or her life and that books can be a constant source of information and pleasure. Whether you obtain your child's books from the library or the local bookstore, there are several considerations you may wish to keep in mind so that you know you are choosing a book appropriate for your child's age and reading level.

1. Your child's interests or hobbies can provide the first clue as to the kinds of books he or she will enjoy. The kinds of TV shows your child watches can also give you ideas.

2. Your child should be allowed some freedom in selecting the books he or she would like to read. If your child chooses easy books, then have your child read to you. If the books are too hard, you can read them to your child.

3. Encourage your child to pick out books with lots of illustrations. Illustrations can be used as points of discussion between you and your child about story settings and character descriptions. They can add more "life" to a book.

4. Be sure to discuss with your child the types of books he or she chooses. Make your child feel proud when he or she has made wise choices. This will encourage your child to read more books.

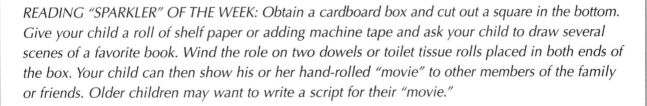

READING "SPARKLER" OF THE WEEK: Obtain a cardboard box and cut out a square in the bottom. Give your child a roll of shelf paper or adding machine tape and ask your child to draw several scenes of a favorite book. Wind the role on two dowels or toilet tissue rolls placed in both ends of the box. Your child can then show his or her hand-rolled "movie" to other members of the family or friends. Older children may want to write a script for their "movie."

Sincerely,

Seleccionar libros con su hijo o hija

Estimados padres de familia:

Tener libros que leer puede ser una parte muy importante del progreso en lectura de su hijo o hija. Le enseña que la lectura es una parte valiosa de su vida y que los libros pueden ser una fuente constante de información y placer. Ya sea que obtenga los libros de la biblioteca o de la librería local, hay varios puntos que vale la pena considerar para asegurarse de escoger el libro apropiado para la edad y el nivel de lectura de su hijo o hija:

1. Los intereses o pasatiempos de su hijo o hija dan la primera pauta en cuanto a los tipos de libros que le gustan. Los tipos de programas de televisión que él o ella ve también podrían dar ideas.

2. Su niño o niña debe tener cierta libertad para seleccionar los libros que le gustaría leer. Si escoge libros fáciles, entonces pídanle que se los lea en voz alta. Si los libros son muy difíciles, léanselos ustedes.

3. Sugiéranle que escoja libros con muchas ilustraciones. Éstas pueden ser puntos de conversación entre ustedes sobre los lugares y personajes del cuento. Se considera que dan más "vida" al libro.

4. Asegúrense de hablar con su hijo o hija acerca de los tipos de libros que escoge. Asegúrense de que se siente orgulloso(a) de haber hecho una selección inteligente. Eso le dará ánimo para leer más libros.

"CHISPAZO" SEMANAL DE LECTURA: Obtengan una caja de cartón y recorten un cuadrado en el fondo. Denle al niño un rollo de papel para repisas o para máquinas sumadoras y pídanle que dibuje varias escenas de uno de sus libros favoritos. Enrollen el papel en dos tarugos o rollos de papel higiénico colocados en ambos extremos de la caja. El niño puede mostrar su "película" enrollándola a mano para que la vean familiares y amigos. Los niños de mayor edad podrían escribir el guión para su "película".

Atentamente,

Children's Interests

Dear Parents,

Helping your child discover all the joys of reading will be an important part of your sharing time together. When you take the time to read with your child, you are demonstrating to him or her that reading is an important part of your life. More importantly, however, you can demonstrate that it can also be an important part of your child's life too.

Making sure your child has sufficient reading materials is also a valuable part of this process. Helping your child acquire new books and stories to build his or her personal library is an important parental responsibility.

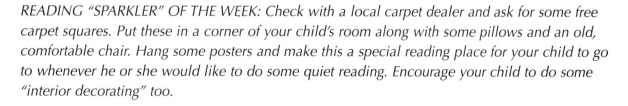

1. Talk with your child about his or her interests or hobbies. What kinds of things does your child enjoy doing? Help your child select books keyed to those interests.
2. Talk with the school librarian or your child's former teachers and find out the kinds of materials your child has enjoyed in the past. Choose reading materials in line with those interests.
3. Check around your neighborhood or community. Talk with other youngsters the same age as your child (or their parents). Find out what they enjoy reading and choose similar books for your child.
4. If possible, talk with the manager of a local bookstore. Ask him or her to tell you the most popular books that children are reading in your area.
5. Keep an eye on the Sunday paper. Often children's book lists will be published that can provide you with leads for new purchases.

READING "SPARKLER" OF THE WEEK: Check with a local carpet dealer and ask for some free carpet squares. Put these in a corner of your child's room along with some pillows and an old, comfortable chair. Hang some posters and make this a special reading place for your child to go to whenever he or she would like to do some quiet reading. Encourage your child to do some "interior decorating" too.

Sincerely,

Los intereses de los niños

Estimados padres de familia:

Ayudar a su niño o niña a descubrir los gozos de la lectura será una parte importante del tiempo que pasan juntos. Cuando dedican tiempo para leer con él o ella, le demuestran que la lectura es una parte importante de la vida de ustedes. Es más, pueden demostrarle que también puede ser una parte importante de su vida.

Asegurarse de que su hijo o hija tiene suficientes materiales para leer también es una parte valiosa de ese proceso. Ayudarle a adquirir nuevos libros y cuentos para formar su biblioteca personal es una responsabilidad importante de los padres.

1. Hablen con su hijo o hija sobre sus intereses o pasatiempos. ¿Qué tipos de cosas le gusta hacer? Ayúdenle a seleccionar libros relacionados a esos intereses.
2. Hablen con el(la) bibliotecario(a) de la escuela o con ex maestros de su niño y averigüen qué tipos de materiales le ha gustado leer en el pasado. Escojan materiales de lectura que se relacionen con esos intereses.
3. Pidan ideas en el vecindario o la comunidad. Hablen con otros niños de la edad de su hijo o hija, o bien con sus papás. Averigüen qué les gusta leer y escojan libros similares para su niño.
4. Si es posible, hablen con la persona encargada de una librería local. Pregúntenle cuáles son los libros favoritos que los niños del área están leyendo.
5. Presten atención al periódico del domingo. Muchas veces se publican listas de libros que podrían sugerir qué libros comprar.

"CHISPAZO" SEMANAL DE LECTURA: Averigüen en una tienda de alfombras si les regalarían algunos cuadrados de alfombra de las muestras. Pónganlos en una esquina del cuarto de su hijo o hija, junto con algunos cojines y una silla cómoda. Cuelguen unos carteles y arreglen un rincón dedicado para que él o ella vaya cuando quiera leer en silencio. Sugiéranle que colabore también en la "decoración de interiores".

Atentamente,

FROM *LETTERS TO PARENTS IN READING*, PUBLISHED BY GOOD YEAR BOOKS. COPYRIGHT ©1998 GOOD YEAR BOOKS.

Selecting Books for Your Child: Resources

Dear Parents,

You are probably aware of the enormous number of books available for children. There are books of every size, shape, and color. In addition, there are books for a multitude of interests and reading abilities.

You may often ask yourself, "How do I find the right book(s) for my child?" While there is no book that is right for every child, there is a wide enough variety that each and every child can enjoy the pleasures of reading for a long time to come.

1. Write to three or four children's book publishers. You can obtain addresses from your local bookstore. Ask each publisher to send you the latest catalog. When it arrives, spend some time with your child selecting possible new purchases.
2. You may want to get a group of parents together to set up a neighborhood cooperative to exchange and share children's books among families.
3. Check with a local youth organization (e.g., YMCA, Girl's Club) and ask if they have any book-related activities during the year. If your child belongs, you can always select books that match the sport or activity in which he or she participates.
4. Have your child interview older members of the family or those in the neighborhood. Encourage your child to ask about the books that were popular when these individuals were youngsters. Would they still be recommended today?
5. Many local public libraries employ children's librarians who will be glad to help you select appropriate books and other reading materials. Don't forget school librarians too.

READING "SPARKLER" OF THE WEEK: Purchase an inexpensive calendar (or make up one of your own). Select a page from the upcoming month. Ask your child to tell you the names of some of his or her favorite books or stories. Write these randomly in several of the calendar squares. When that date comes up, then the story written in that square is the one you and your child can share together during your story time.

Sincerely,

Seleccionar libros para los hijos: Recursos

Estimados padres de familia:

Probablemente estén familiarizados con la gran cantidad de libros para niños que existen. Hay libros de muchos tamaños, forma y color. Además hay libros para una infinidad de intereses y habilidades de lectura.

Es posible que se pregunten "¿Cómo encuentro el(los) libro(s) adecuado(s) para mis hijos?" Aunque no hay ningún libro que sea el adecuado para todos los niños, hay una gran variedad de libros que todos y cada uno de los niños disfrutarán leyendo por mucho tiempo.

1. Escriban a tres o cuatro casas editoriales de libros para niños. Las direcciones pueden conseguirse en una librería local. Pidan a cada editorial que les mande su catálogo más reciente. Cuando llegue, dediquen algún tiempo para seleccionar posibles compras con su hijo o hija.
2. Si desean, reúnan a un grupo de padres para organizar una cooperativa del vecindario con el propósito de intercambiar y compartir libros para niños entre las familias.
3. Pregunten en una organización local para niños, como YMCA o algún club de niñas, si tienen actividades relacionadas con libros durante el año. Si su hijo o hija es miembro, seleccionen libros que concuerden con el deporte o actividad en que participa.
4. Pidan a su hijo o hija que entreviste a miembros adultos de la familia o del vecindario. Sugiéranle que pregunte qué libros tenían popularidad cuando esas personas eran niños. ¿Se recomiendan aún esos libros hoy día?
5. Muchas bibliotecas públicas tienen bibliotecarios en la sección de libros infantiles, quienes con gusto les ayudarían a seleccionar libros apropiados y otros materiales de lectura. No se olviden de los bibliotecarios de las escuelas.

"CHISPAZO" SEMANAL DE LECTURA: Compren un calendario barato (o hagan uno propio). Seleccionen una página de un mes próximo. Pidan a su hijo o hija que mencione algunos de sus libros o cuentos favoritos. Escríbanlos al azar en varias de las casillas del calendario. Cuando llegue la fecha, lean juntos el cuento que aparece en la casilla durante su hora de leer.

Atentamente,

Developing Good Comprehension

Dear Parents,

One of the major goals of reading instruction is to help children attain high levels of comprehension. Children who understand more of what they read are children who enjoy reading more. Parents can play a vital role in helping their children attain sound comprehension skills.

This can occur very naturally during your sharing time together, when you are reading a story to your child, or even when traveling in the car. Providing your child with opportunities to reflect and appreciate what he or she reads can be an important contribution to his or her reading development.

1. Before you and your child read a story together, ask your child to formulate a question about the title or initial illustrations. This helps your child develop a reason for reading the story.
2. Some children enjoy making up their own questions about a story after it is read. You may wish to encourage your child to develop questions like those on school tests. Take some time to go over all the questions.
3. It is often a good idea to keep a vocabulary notebook or word card box nearby when reading stories with your child. This provides an opportunity for your child to record any new words, which can be defined and written in his or her own sentences.
4. As you and your child are reading a story together, stop every so often and ask your child to draw a picture of a significant event. Upon completion of the story, direct your child to arrange these pictures in sequential order and/or paste them into a special scrapbook.
5. After you have finished reading a story, ask your child to summarize it in as few words as possible. Assist your child in coming up with a statement that conveys the main idea of the entire story.

READING "SPARKLER" OF THE WEEK: Write your child lots of notes and leave them in various places around the house, such as the refrigerator or a bulletin board. One unique idea is to write your child a new note each day and pack it in his or her lunch bag/box. These brief notes are an excellent way to say something positive to your child.

Sincerely,

Desarrollar buena comprensión

Estimados padres de familia:

Uno de los objetivos principales en la enseñanza de la lectura es ayudar a los niños a alcanzar niveles altos de comprensión. Los niños que entienden mucho de lo que leen son los niños a quienes les gusta leer más. Los padres juegan un papel vital en ayudar a sus hijos a alcanzar destrezas de comprensión con alta exactitud.

Eso puede ocurrir de una manera natural durante el tiempo de lectura que comparten, cuando le leen un cuento a su hijo o hija o hasta cuando viajan por carro. Darle oportunidades para que reflexione y valore lo que lee es una contribución importante a su progreso en la lectura.

1. Antes de leer un cuento con su hijo o hija, pídanle que haga una pregunta acerca del título o de las ilustraciones iniciales. Eso ayuda que él o ella se forme una razón para leer el cuento.
2. A algunos niños les gusta inventar sus propias preguntas sobre un cuento después de leerlo. Si desean, animen a su hijo o hija a crear preguntas parecidas a las de los exámenes escolares. Dediquen tiempo para revisar las preguntas y respuestas.
3. En general, es buena idea mantener un cuaderno de vocabulario o un fichero de palabras a la mano cuando lean cuentos con su hijo o hija. Le da una oportunidad para anotar cualquier palabra nueva, que puede definir y escribir por medio de sus propias oraciones.
4. A medida que lean un cuento con su hijo o hija, paren de vez en cuando y pídanle que dibuje un hecho o evento significativo. Al terminar el cuento, pídanle que ponga los dibujos en orden de secuencia y/o que los pegue en un álbum de recortes.
5. Después de terminar de leer el cuento, pídanle a su hijo o hija que lo resuma en tan pocas palabras como sea posible. Ayúdenle a crear un enunciado que dé a entender la idea principal de todo el cuento.

"CHISPAZO" SEMANAL DE LECTURA: Escríbanle a su hijo o hija una gran cantidad de notas y déjenlas en varios lugares de la casa, como el refrigerador o un tablero. Una idea bastante original es escribirle una nota todos los días y colocársela en la lonchera. Estas notas breves son una manera excelente de decirle algo positivo.

Atentamente,

Comprehension Hints

Dear Parents,

One of the most important things children learn in reading is how to comprehend written material. Parents can play a vital role in helping their children understand more of what they do read, not by becoming "teachers" for their children, but rather by encouraging their children to read and think beyond the actual words in a reading selection. The following ideas provide you with some suggestions:

1. Cut out some photos from the newspaper or an old magazine. Ask your child to think of new titles for each picture and write each one on a slip of paper. Encourage your child to combine these into a notebook or scrapbook.

2. As you and your child listen to a popular song, write down some of the lyrics. Afterwards, ask your child to rearrange the lyrics in the correct order. You may want to use such songs as "Jingle Bells" or "Mary Had a Little Lamb" as starters.

3. During a commercial break in a television program you are both watching, ask your child questions such as, "Why is the character doing that?" or "What do you think will happen next?" These kinds of reasoning/anticipation questions are important in comprehension development.

4. As you read a story to your child, stop every so often and ask your child to think of a word that may come next in the story. Encourage your child to be creative and think of as many words as possible for each "blank."

5. Before you read a familiar story again to your child, ask him or her to give you a capsule summary of the characters, events, or situations that occurred. Encourage your child to keep his or her "review" short and to the point. Compare this summation with the actual events of the story as you read.

READING "SPARKLER" OF THE WEEK: Start up a "reading club" for your child. Provide your child with some special awards or stickers after he or she has read a certain number of books (either independently or with you). These items can be purchased at a variety store or teacher supply store. Better yet, make some up yourself with cardboard and magic markers.

Sincerely,

Sugerencias para la comprensión

Estimados padres de familia:

Una de las cosas más importantes que los niños aprenden en lectura es cómo comprender el material escrito. Los padres pueden jugar un papel vital en ayudar a sus hijos a entender al máximo lo que leen, no tratando de ser "maestros" de sus hijos, sino más bien animándolos a leer y razonar más allá de lo que dicen las palabras del material de lectura. Las ideas a continuación les dan algunas sugerencias:

1. Recorte algunas fotos de un periódico o una revista vieja. Pidan a su hijo o hija que invente títulos para cada foto y que los escriba en un trozo de papel. Sugiéranle que incluya todo en un cuaderno o un álbum de recortes.

2. Al escuchar una canción conocida con su hijo o hija, escriban parte de la letra. Después, pídanle que arregle la letra de la canción en el orden correcto. Para empezar, usen canciones infantiles o navideñas muy famosas.

3. Durante los anuncios comerciales de un programa de televisión que vean juntos, háganle preguntas a su hijo o hija como, "¿Por qué hace eso el personaje?" o "¿Qué crees que va a pasar después?" Estos tipos de preguntas de razonamiento/predicción son importantes en el desarrollo de la comprensión.

4. A medida que le lean un cuento a su hijo o hija, paren cada cierto tiempo y pregúntenle qué palabra seguirá después en el cuento. Denle ánimo para que sea creativo(a) y diga todas las palabras posibles para cada "espacio en blanco".

5. Antes de leerle un cuento conocido otra vez, pídanle que dé un resumen breve de los personajes, hechos o situaciones que ocurren. El resumen debe ser corto y debe ir al grano. Comparen el resumen con los hechos que en realidad presenta el cuento a medida que lo lean.

"CHISPAZO" SEMANAL DE LECTURA: Comiencen un "club de lectura" con su hijo o hija. Denle algunos premios especiales o calcomanías después de que haya leído un cierto número de libros (ya sea independientemente o con ustedes). Dichos artículos pueden comprarse en bazares o en tiendas de artículos para maestros. Aún mejor sería que los hagan ustedes con cartón y marcadores.

Atentamente,

More Comprehension Boosters

Dear Parents,

An essential ingredient in good reading is good comprehension. Being able to say and read words means very little if children are unable to understand the relationships that exist between words, how sentences and paragraphs are organized, and then how to use this information to further their own knowledge. Parents can play an important role in assisting their children in developing sound comprehension skills, not with lots of drills, but rather with lots of games, love, and encouragement. Try these:

1. As you read a new story to your child, stop every so often and ask your child what he or she thinks will happen next. Help your child make predictions about future actions, then read on and see what does happen.
2. Before you read a new book to your child, show him or her the illustrations and ask what events he or she thinks will happen in the story. Or you may wish to read a picture book to your child (without showing the pictures) and ask your child to draw his or her own illustrations. Be sure to compare the originals (in content, not artwork) with your child's versions.
3. Talk with your child about some things that have happened during the day. Ask your child to draw separate illustrations of each event on a sheet of paper and to arrange them in correct chronological order.
4. Ask your child to dictate or write a summary of a favorite children's song. How could the song be summarized in twenty-five words or less? in ten words or less?
5. As you read a familiar story to your child, make four or five intentional errors (name of character, setting, action). Ask your child to listen carefully and identify each mistake.

READING "SPARKLER" OF THE WEEK: Ask your child to dictate a sentence to you. Print each word of the sentence on a separate index card. Mix up the cards and give them to your child to put in the correct order. Then have your child use the sentence in a "made-up" story. Do this with other sentences too. Encourage older children to share longer sentences.

Sincerely,

Más notas sobre comprensión

Estimados padres de familia:

Un ingrediente esencial en la buena lectura es la buena comprensión. Decir y leer palabras significa muy poco si los niños no son capaces de entender las relaciones que existen entre las palabras, cómo están organizadas las oraciones y los párrafos, y luego cómo usar esa información para aumentar sus conocimientos. Los padres pueden jugar un papel importante en ayudar a sus hijos a desarrollar destrezas de comprensión de lectura, no por medio de cantidades de ejercicios, sino con muchos juegos, amor y ánimo. Intenten lo siguiente:

1. Al leerle un cuento nuevo a su hijo o hija, paren cada cierto tiempo y pregúntenle qué cree que va a pasar después. Ayúdenle a predecir lo que va a pasar, y después lean y vean lo que en realidad pasa.

2. Antes de leerle un cuento nuevo, muéstrenle las ilustraciones y pregúntenle qué cree que va a pasar en el cuento. O bien, léanle un cuento ilustrado (sin mostrarle los dibujos) y pídanle que dibuje sus propias ilustraciones. Asegúrense de comparar los originales (el contenido, no los dibujos) con las versiones de su hijo o hija.

3. Platiquen con su hijo o hija sobre algunas cosas que hayan ocurrido durante el día. Pídanle que haga dibujos separados de cada cosa en una hoja de papel y que los arregle en el orden cronológico correcto.

4. Pídanle que les dicte o que escriba un resumen de una de sus canciones infantiles favoritas. ¿Cómo podría resumirse la canción en veinticinco palabras o menos? ¿Y en diez palabras o menos?

5. Al leerle un cuento conocido, cometan cuatro o cinco errores intencionales (nombre del personaje, lugar, acción). Pídanle que escuche con atención y que identifique cada error.

"CHISPAZO" SEMANAL DE LECTURA: Pidan a su hijo o hija que les dicte una oración. Escriban en letra de molde cada palabra de la oración en una tarjeta aparte. Revuelvan las tarjetas y pídanle que las ponga en orden. Después sugiéranle que use la oración en un cuento "inventado". Hagan lo mismo con otras oraciones también. A los niños de mayor edad, sugiéranles que digan oraciones más largas.

Atentamente,

FROM *LETTERS TO PARENTS IN READING*, PUBLISHED BY GOOD YEAR BOOKS. COPYRIGHT ©1998 GOOD YEAR BOOKS.

The Importance of Questions

Dear Parents,

Questions help your child focus on the important elements of reading and their probable causes or effects. There are many opportunities during the day when you and your child can share questions, but asking questions should not be limited to only reading time. It can be a normal and natural part of each family's daily activities. Most importantly, it can become an important part of your child's reading development.

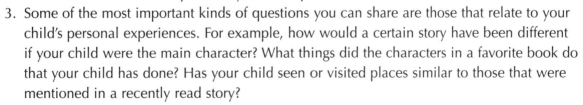

1. Ask your child lots of questions that begin with "Why." These questions encourage active thinking and help your child explore the reasons for certain events or occurrences, both in books and everyday life. For example: "Why do we need traffic signals?" "Why do some animals live underground?" "Why do we have to wear shoes?"

2. Provide your child with opportunities to ask questions too. For example, when you and your youngster select a book to read, ask your child to pose one or two questions about the title on the cover of the book. Before your child begins reading the book, encourage him or her to develop additional questions about the story that can be written on a sheet of paper. After completing the story, take some time to talk over and discuss the questions your child posed.

3. Some of the most important kinds of questions you can share are those that relate to your child's personal experiences. For example, how would a certain story have been different if your child were the main character? What things did the characters in a favorite book do that your child has done? Has your child seen or visited places similar to those that were mentioned in a recently read story?

READING "SPARKLER" OF THE WEEK: Collect several copies of old children's books at a yard or garage sale. Remove several of the pages from the middle of a book. Ask your child to read the book and suggest some possible actions for the missing part. Your child may wish to compare his or her contributions with the actual story content.

Sincerely,

La importancia de las preguntas

Estimados padres de familia:

Las preguntas ayudan a los niños a concentrarse en los elementos importantes de la lectura y las probables causas o efectos. Hay muchas oportunidades durante el día en que se aconseja hacer preguntas, pero sin limitarse solamente a la hora de leer. Podría ser una parte normal y natural de las actividades diarias de toda familia. Es más, puede ser parte importante del progreso en lectura de su hijo o hija.

1. Háganle muchas preguntas que comiencen con "¿Por qué?" Estas preguntas promueven el razonamiento y ayudan a los niños a explorar las razones por las que ocurren ciertos hechos, tanto en libros como en la vida diaria. Por ejemplo, "¿Por qué se necesitan los semáforos?" "¿Por qué algunos animales viven bajo tierra?" "¿Por qué debemos usar zapatos?"

2. Denle oportunidades de hacer preguntas también. Por ejemplo, al escoger un libro para leer, sugiéranle que haga una o dos preguntas sobre el título del libro. Antes de que comience a leer el libro, pídanle que haga otras preguntas sobre el cuento y escríbanlas en una hoja de papel. Al terminar el cuento, dediquen algún tiempo para hablar sobre las preguntas.

3. Algunos de los tipos de preguntas más importantes para conversar son las relacionadas a las experiencias personales de su hijo o hija. Por ejemplo, ¿qué cambiaría en el cuento si él o ella fuera el personaje principal del cuento? ¿Qué cosas hicieron los personajes de un libro favorito que su hijo o hija ha hecho? ¿Ha visto o visitado lugares similares a los que se mencionan en un cuento que han leído recientemente?

"CHISPAZO" SEMANAL DE LECTURA: Consigan varios libros viejos en ventas de garaje. Quiten varias de las páginas de la mitad del libro. Pidan a su hijo o hija que lea el libro y sugiera algunas acciones o hechos para la parte que falta. Es probable que él o ella quiera comparar sus contribuciones con el contenido original del libro.

Atentamente,

Story Questions

Dear Parents,

Questions help children discover more about the world in which they live—whether that world is their living room, a community park, or a large city. Questions help children acquire new knowledge and gain an appreciation of the "how and why" of life. Parents, too, can participate in asking their children questions, not to test how much their offspring know, but rather to help their children focus on important points of discovery. Try these:

1. What do you think this story will be about?
2. Do you know about any other books on this topic? Tell me about them.
3. Where do you think this story might take place?
4. Has the author of this book written any other books that you have read? Tell me about them.
5. How do you think this story will turn out?
6. Did the story turn out as you expected?
7. What made this an interesting or uninteresting story?
8. What might be some new things we could add to the ending?
9. Is the main character someone you would like to have as a friend? Why or why not?
10. Is this a book your friends would enjoy reading? Why or why not?

READING "SPARKLER" OF THE WEEK: Punch a small hole in the top and bottom of several uncooked eggs and blow out the contents. Help your child draw the faces of some characters from a favorite book on each egg with crayons or markers. Your child can then put these "puppets" over a pencil and act out a portion of the story for other family members. Encourage your child to set up a display in his or her room of these characters.

Sincerely,

Preguntas sobre cuentos

Estimados padres de familia:

Las preguntas ayudan a los niños a descubrir más acerca del mundo en que viven: ya sea que ese mundo se refiera a la sala de su casa, al parque comunitario o a una ciudad grande. Las preguntas ayudan a los niños a adquirir conocimientos nuevos y a valorar el "cómo y por qué" de la vida. Los padres también pueden participar haciéndoles preguntas a sus hijos, no como un examen para ver cuánto saben, sino para ayudarlos a descubrir puntos importantes. Intenten las que se dan a continuación:

1. ¿De qué crees que se trata este cuento?
2. ¿Sabes de otros libros sobre este tema? Cuéntame de ellos.
3. ¿Dónde crees que ocurre este cuento?
4. ¿Ha escrito el autor de este libro otros libros que has leído? Cuéntame de ellos.
5. ¿Cómo crees que va a terminar este cuento?
6. ¿Terminó el cuento como tú esperabas?
7. ¿Qué hizo que el cuento fuera interesante o que fuera aburrido?
8. ¿Qué cosas nuevas podríamos agregarle al final?
9. ¿Es el personaje principal alguien que te gustaría que fuera tu amigo(a)? ¿Por qué o por qué no?
10. ¿Es éste un libro que les gustaría leer a tus amigos? ¿Por qué o por qué no?

"CHISPAZO" SEMANAL DE LECTURA: Abran un hoyito en la punta de varios huevos sin cocinar y sáquenles el contenido. Ayuden a su hijo o hija a dibujar la cara de algunos personajes de uno de sus libros favoritos en cada huevo, ya sea con crayones o con marcadores. Estos "títeres" pueden colocarse sobre un lápiz para representar una parte del cuento frente a otros miembros de la familia. Sugieran a su hijo o hija que exhiba los personajes en su cuarto.

Atentamente,

FROM *LETTERS TO PARENTS IN READING*, PUBLISHED BY GOOD YEAR BOOKS. COPYRIGHT ©1998 GOOD YEAR BOOKS.

Asking Everyday Questions

Dear Parents,

There are many ways that you can assist your child in becoming the best reader possible. Some of these methods do not even involve books or stories, rather they involve thinking strategies—thinking strategies that lead to reading discoveries. It is important to remember that reading is actually a thinking process, one in which we gather new or interesting information and make it a part of our lives. By helping your child think more about the world in which he or she lives, you will be assisting in the development of strategies that foster reading development. Children who are encouraged to think and question their environment are children who develop good comprehension skills. You can stimulate your child's thinking powers by asking questions for which there may be many possible answers. You and your child may want to use some of the following as examples:

1. Why do we have lines painted on the street?
2. Where does the wind go?
3. How tall can trees grow?
4. Why do we have to wear clothes?
5. What do some animals do when it gets dark?
6. Why do animals need to drink water?
7. Why are there so many different colors?

READING "SPARKLER" OF THE WEEK: Provide your child with a few simple props (chair, box, brush, pencil, etc.) and ask him or her to pantomime a favorite story or book. Ask other family members to guess the name of the book. Other family members may wish to take turns pantomiming their favorite children's books too.

Sincerely,

Preguntas de la vida diaria

Estimados padres de familia:

Hay muchas maneras en que los padres pueden ayudar a sus hijos a ser buenos lectores. Algunos de esos métodos ni siquiera tienen que ver con libros o cuentos, sino con estrategias de razonamiento: estrategias de razonamiento que llevan a descubrir cosas por medio de la lectura. Es importante recordar que la lectura en realidad es un proceso de pensamiento, en el cual reunimos información nueva o interesante y la incorporamos a nuestra vida. Al ayudar a su hijo o hija a pensar más sobre el mundo en el que vive, contribuyen al desarrollo de estrategias que fomentan el progreso en la lectura. Los niños a quienes se les anima a pensar y preguntar acerca de su ambiente son niños que desarrollan buenas destrezas de comprensión. Una forma de estimular el poder de razonamiento de su hijo o hija es haciéndole preguntas que tienen varias respuestas posibles. Si desean, usen algunos de los ejemplos siguientes:

1. ¿Por qué hay líneas pintadas en la calle?
2. ¿Hacia dónde se va el viento?
3. ¿Hasta qué altura pueden crecer los árboles?
4. ¿Por qué necesitamos la ropa?
5. ¿Qué hacen algunos animales al anochecer?
6. ¿Por qué necesitan beber agua los animales?
7. ¿Por qué hay tantos colores?

"CHISPAZO" SEMANAL DE LECTURA: Denle a su hijo o hija algunos materiales sencillos (silla, caja, cepillo, lápiz, etc.) y pídanle que represente un cuento o libro favorito por medio de pantomima. Otros miembros de la familia deben adivinar el título del libro. Si desean, ellos también podrían representar por turnos sus libros infantiles favoritos con pantomima.

Atentamente,

Vocabulary Growth

Dear Parents,

Development of a large vocabulary is an important part of your child's growth in reading. Children learn new words by having opportunities to use them many times in talking, reading, and writing. Providing your child with many exposures to words helps him or her gain an appreciation for how words are used in our language and builds a solid foundation for later reading success. It's not necessary for children to memorize long lists of words, but it is important for them to use words in many different situations. Here are some examples:

1. Each family member can attempt to learn a new word each day. All the family members will benefit.
2. As you talk to your child, use new words frequently. Put them in sentences that he or she can understand. For example, "That is an enormous elephant. Look how big it is."
3. Remember that children need many repetitions of words before those words become a natural part of their vocabularies. Try to share new words with your child in a variety of situations.
4. Read lots of books to your child. The more opportunities children have to hear words in action, the more inclined they will be to add those words to their own vocabularies.

READING "SPARKLER" OF THE WEEK: Share some crossword puzzles with your child. Inexpensive ones can be obtained at any bookstore. Work with your child in creating your own puzzles using some of your child's favorite words.

Sincerely,

Ampliación de vocabulario

Estimados padres de familia:

Adquirir un vocabulario amplio es una parte importante del progreso en lectura de su hijo o hija. Los niños aprenden palabras nuevas al tener oportunidades de usarlas muchas veces cuando hablan, leen y escriben. Poner a los niños en contacto frecuente con palabras les ayuda a entender cómo se usan las palabras en nuestra lengua y les da una base sólida para el progreso en la lectura. No es necesario que los niños memoricen listas largas de palabras, pero sí es importante que utilicen palabras en muchas situaciones. Aquí se dan algunos ejemplos:

1. Cada miembro de la familia puede tratar de aprender una palabra nueva cada día. Todos los miembros de la familia se beneficiarán.

2. Al hablar con su hijo o hija, utilicen palabras nuevas frecuentemente. Pónganlas en oraciones que pueda entender. Por ejemplo, "Ése es un elefante enorme. Mira cómo es de grande".

3. Recuerden que los niños necesitan muchas repeticiones de palabras antes de que esas palabras formen parte
natural de su vocabulario. Traten de utilizar palabras nuevas en una variedad de situaciones.

4. Léanle muchos libros en voz alta. Mientras más oportunidades tengan los niños de oír palabras en acción, más probabilidades hay que agreguen esas palabras a su propio vocabulario.

"CHISPAZO" SEMANAL DE LECTURA: Denle crucigramas a su hijo o hija. Hay crucigramas baratos en cualquier librería.
Inventen juntos sus propios crucigramas usando las palabras favoritas de su hijo o hija.

Atentamente,

Learning New Words

Dear Parents,

Learning about words and their meanings will be a very valuable part of our discoveries in reading this year. It is also a very important part of your child's success in reading and all his or her other subjects too. Parents can play a very important role in assisting their children to acquire a large storehouse of words as well as providing them with many opportunities to use those words as they talk, write, or read. Vocabulary development, however, doesn't mean memorizing long lists of words or looking up lots of words in the dictionary. More importantly, it means using words in a variety of learning situations. Here are some suggestions:

1. Occasionally, ask your child to listen for any new words that he or she doesn't know and would like to learn. Print these on separate index cards, decorate them if you wish, and present them to your child. Help your child keep these in a special box or carton. Using them in sentences with a clear meaning will also be helpful.

2. Work with your child to label various items around your house. Direct your child to point to objects in the house (chair, bed, coffeepot) and name them. Print the word for each item on a piece of paper and tape it to the item. Give your child several opportunities to read these words over the next several days.

3. Cut out unknown words from newspaper headlines. You may wish to have your child use each word in his or her own sentence.

4. Read a paragraph or two from one of your favorite books. Talk with your child about the ways some of the words are used. Be sure to share your enthusiasm for the many uses of certain words.

READING "SPARKLER" OF THE WEEK: If your child has a pet or stuffed animal, let him or her read to it occasionally. This "silent audience" gives your child an opportunity to share the joy of reading with a noncritical audience and in a non-threatening way. Adding an easy-to-use tape recorder once in a while will allow you to listen later. Older children should be encouraged to read to younger brothers or sisters.

Sincerely,

Aprendizaje de palabras nuevas

Estimados padres de familia:

Aprender palabras y sus significados será una parte muy valiosa de nuestros descubrimientos en lectura este año. También es una parte muy importante del éxito de su hijo o hija en lectura y en todas las demás materias. Los padres pueden jugar un papel muy importante ayudando a sus hijos a adquirir una fuente inagotable de palabras, así como también dándoles muchas oportunidades de utilizar esas palabras al hablar, escribir o leer. Sin embargo, la ampliación del vocabulario no significa memorizar listas largas de palabras o buscar cantidades de palabras en el diccionario. Significa, con mayor importancia, utilizar palabras en una variedad de situaciones de aprendizaje. Aquí se dan algunas sugerencias:

1. De vez en cuando, pidan a su hijo o hija que se fije en qué palabras no conoce y le gustaría aprender. Escríbanlas en tarjetas separadas, decórenlas si desean, y preséntenselas. Guárdenlas en una caja especial. También será beneficioso utilizar las palabras en oraciones con un significado claro.
2. Con su hijo o hija, rotulen varias cosas por toda la casa. Pídanle que señale objetos de la casa (silla, cama, cafetera) y los nombre. Escriban cada palabra en un pedazo de papel y péguenlo en cada objeto. Denle varias oportunidades al niño o niña para que lea las palabras durante unos cuantos días.
3. Recorten palabras desconocidas de los titulares de periódicos. El niño o niña podría utilizar cada palabra en una oración.
4. Lean uno o dos párrafos de uno de sus libros favoritos. Hablen con su hijo o hija sobre las maneras en que se utilizan algunas de las palabras. Asegúrense de expresar entusiasmo sobre los muchos usos que tienen ciertas palabras.

"CHISPAZO" SEMANAL DE LECTURA: Si su hijo o hija tiene una mascota o un muñeco de peluche, permítanle que le lea a éste de vez en cuando. Este "público silencioso" les da a los niños la oportunidad de compartir el gusto de la lectura con un público que no critica y de una manera no amenazante. Si encienden una grabadora fácil de usar de vez en cuando, les permitirá escuchar la lectura más adelante. A los niños de mayor edad hay que animarlos a que les lean a sus hermanos menores.

Atentamente,

FROM *LETTERS TO PARENTS IN READING*, PUBLISHED BY GOOD YEAR BOOKS. COPYRIGHT ©1998 GOOD YEAR BOOKS.

A Strong Vocabulary

Dear Parents,

Learning about new words can be an exciting part of reading development. Words are the vehicles we use to take us into new stories and adventures. They help us understand and learn more about the world around us. Words are important for your child too. Your child's growth in vocabulary will be an important part of our work in reading this year. A strong vocabulary will help your child in many subjects besides reading. You can help your child develop and appreciate new words. Sharing words and their meanings in a relaxed, natural atmosphere can be an important part of your time together.

1. Encourage your child to share new words with you. What new words has he or she found today in his or her books and magazines, or what new words were heard on TV or radio? Encourage your child to be alert for new words and their uses.
2. Share with your child the words you have discovered. If your child sees that you enjoy words and their uses, he or she will appreciate them too.
3. Encourage your child to read from a variety of printed materials. The more words your child encounters in reading, the more valuable they will become for him or her.
4. Help your child understand that many words have multiple meanings. Demonstrate how other words in a sentence help define a new word.

READING "SPARKLER" OF THE WEEK: Take a walk with your child around your neighborhood. Try to locate five new words (on buildings, the street, signs, etc.) and write them down. Talk with your child about how each word is used, its meaning, and the importance of its location. Upon your return home, ask your child to make a simple map indicating where each word was found. Older children might like to learn new concepts such as a "chain-link fence" or "swag curtains."

Sincerely,

Un vocabulario sólido

Estimados padres de familia:

Aprender nuevas palabras puede ser una parte emocionante del progreso en la lectura. Las palabras son los vehículos que usamos para llegar a cuentos y aventuras nuevas. Nos ayudan a entender y a aprender más sobre el mundo que nos rodea. Las palabras son importantes para los niños también. La ampliación del vocabulario de su hijo o hija será una parte importante de nuestro trabajo en lectura este año. Un vocabulario sólido le ayudará en muchas materias además de lectura. Como padres, pueden ayudar a su hijo o hija a adquirir y valorar palabras nuevas. Una parte importante del tiempo que pasan juntos puede ser hablar sobre palabras y sus significados en una atmósfera relajada y natural.

1. Animen a su hijo o hija a que les diga las palabras nuevas que aprende. ¿Qué palabras nuevas ha encontrado hoy en sus libros y revistas? ¿Qué palabras nuevas oyó por televisión o radio? Aconséjenle que preste atención a las palabras nuevas y sus usos.
2. Cuéntenle las palabras que ustedes han aprendido. Si su hijo o hija ve que les gustan las palabras y sus usos, apreciará su valor también.
3. Sugiéranle que lea de una variedad de materiales. Mientras más palabras encuentre al leer, mayor valor les dará.
4. Ayúdenle a darse cuenta de que muchas palabras tienen múltiples significados. Demuestren cómo las palabras de una oración ayudan a definir una palabra nueva.

"CHISPAZO" SEMANAL DE LECTURA: Salgan a caminar con su hijo o hija por el vecindario. Traten de localizar cinco palabras nuevas (en edificios, calles, rótulos, etc.) y escríbanlas. Hablen sobre el uso de cada palabra, su significado y la importancia de su localización. Al regresar a casa, pídanle que haga un mapa sencillo que indique dónde encontraron cada palabra. Los niños de mayor edad podrían aprender conceptos nuevos, como "luces intermitentes" o "cortinas con guirnaldas".

Atentamente,

Reading and Writing

Dear Parents,

Writing can be an important part of your child's development in reading. Writing activities help strengthen reading skills as well as provide an additional opportunity for your child to communicate with others. Encouraging your child to write ideas, sentences, or stories on a regular basis will help him or her appreciate the value of printed words. The following are some ideas you should consider to help your child become a regular writer and reader:

1. Encourage your child to talk about ideas and jot down these ideas before a writing activity begins. Be sure to give your child lots of praise as she or he begins to write.
2. Provide a corner for your child to write. Paper, pencil, and erasers should be placed on your child's desk or table. Your child should have a private place for writing and homework.
3. It is important for you and your child to set aside time for writing together. Be patient and encouraging when your child can't think of anything to write. If necessary, ask your child to begin telling you a story for you to write down.
4. Let your child see you write notes, lists, letters, and stories. It is a good idea for your child to see you make revisions. Children should see that writing takes place at home just as it does at school.
5. Writing skills develop slowly and at different rates for different children. Encourage your child to share ideas. Don't worry about mistakes in grammar, spelling, or punctuation until your child has finished writing and is ready to jazz up the ideas.

READING "SPARKLER" OF THE WEEK: Ask your child to write a letter to the author of a favorite book. If necessary, you may wish to have your child dictate the letter to you so it can then be typed. Send this letter in care of the author's publisher. You and your child may discover a reply in the mail a few weeks later. Be sure to have your child bring the reply to school to share.

Sincerely,

Lectura y escritura

Estimados padres de familia:

La escritura puede ser una parte importante del progreso de su hijo o hija en lectura. Las actividades de escritura ayudan a reforzar las destrezas de lectura así como también le dan una oportunidad adicional al niño de comunicarse con los demás. Al darle ánimo para que escriba ideas, oraciones o cuentos con regularidad se le ayuda a valorar el lenguaje escrito. A continuación se dan algunas ideas a tomar en cuenta para ayudar a su hijo o hija a formarse el hábito de escribir y leer con regularidad:

1. Sugiéranle que hable acerca de las ideas y las escriba antes de empezar una actividad de escritura. Asegúrense de darle muchos elogios cuando principie a escribir.

2. Dediquen una esquina para que su niño escriba. Coloquen papel, lápiz y borradores en un escritorio o mesa. Su niño debe tener un lugar privado para escribir y hacer tareas.

3. Es importante que aparten tiempo para escribir con su hijo o hija. Tengan paciencia y denle ánimo cuando no se le ocurra qué escribir. Si es necesario, pídanle que empiece a contar un cuento para que ustedes lo escriban.

4. Permitan que los vea escribir notas, listas, cartas y cuentos. Se considera recomendable que su hijo o hija los vea revisar y corregir. Los niños deben ver que la escritura ocurre tanto en casa como en la escuela.

5. Las destrezas de escritura se van desarrollando lentamente y a diferente ritmo en cada persona. Anime a su niño a expresar sus ideas. No se preocupe por los errores de gramática, ortografía o puntuación hasta que su niño haya terminado de escribir y esté listo para pulir sus ideas.

"CHISPAZO" SEMANAL DE LECTURA: Pidan a su hijo o hija que escriba una carta al autor o autora de uno de sus libros favoritos. Si es necesario, pídanle que les dicte la carta para luego escribirla a máquina. Manden la carta dirigida a la casa editorial correspondiente al libro, indicando también el nombre del autor o autora. Es probable que reciban respuesta por correo varias semanas más tarde. Asegúrense de que su hijo o hija lleve la respuesta a la escuela para mostrarla en clase.

Atentamente,

Writing at Home

Dear Parents,

Reading and writing naturally go together. Each helps to reinforce the other and establish the importance of good communication for your child. By helping your child practice writing skills, you are also helping your child develop sound reading skills. Children of any age can become involved in writing activities. The possibilities are endless. By making writing a fun and exciting part of your sharing time, you will be helping to ensure that your child gains a valuable communication skill. The following are some ideas to do together:

1. Encourage your child to write a brief description of a TV program you have recently seen. Ask your child to compare his or her description to the one in the TV schedule.

2. Work with your child to put together a list of new words heard during the week. These could be words heard in school, on television, or at meals. Ask your child to create sentences using some of these words.

3. Encourage your child to create a monthly family newspaper. Using the daily paper for format, help your child interview family members and write up fashion, sports, front page, comics, or other "newsworthy" sections. Pictures from the family album can be used for added effect.

4. Cut out several pictures from old magazines and paste them on sheets of paper. Ask your child to create captions for each one and write the titles under each photo.

5. Your child may wish to keep a diary of personal or family events. Provide your child with the option of sharing or not sharing these with other family members. Honor his or her decision.

READING "SPARKLER" OF THE WEEK: After you and your child have read a story together, ask your child to make up a list of words in the story that describe (a) taste, (b) smell, (c) hearing, (d) touch, or (e) sight. Encourage your child to add new words to the lists as other stories are read. Your child may wish to locate items in the house that words on his or her list describe.

Sincerely,

Escribir en casa

Estimados padres de familia:

La lectura y la escritura por naturaleza van juntas. Una ayuda a reforzar la otra y a establecer la importancia de la buena comunicación. Al ayudar a su hijo o hija a practicar destrezas de escritura, también le ayudan a desarrollar destrezas sólidas de lectura. Los niños de toda edad pueden participar en actividades de escritura. Las posibilidades son innumerables. Al hacer de la escritura algo divertido y emocionante durante el tiempo que pasan juntos, contribuirán a asegurar que su hijo o hija adquiera una valiosa destreza de comunicación. Aquí se dan algunas ideas para realizarlas juntos:

1. Animen a su hijo o hija a escribir una descripción breve de un programa de televisión que hayan visto recientemente. Pídanle que compare su descripción con la que aparece en el horario de programas.
2. Durante la semana, formen una lista de palabras nuevas que oigan, ya sea en la escuela, por televisión o durante las comidas. Pídanle que escriba oraciones con algunas de esas palabras.
3. Sugiéranle que haga un periódico mensual de la familia. Con el periódico local como muestra, ayúdenle a entrevistar a familiares y escribir secciones de modas, deportes, primera plana, tiras cómicas u otras secciones "dignas de noticias".
4. Recorten varias fotos de revistas viejas y péguenlas en hojas de papel. Pídanle que escriba una leyenda que describa cada foto así como un título para cada una.
5. Es probable que su niño quiera escribir un diario personal o de actividades familiares. Déjenle que decida si los miembros de la familia lean o no lean el diario. Respeten su decisión.

"CHISPAZO" SEMANAL DE LECTURA: Después de leer un cuento juntos, pidan a su hijo o hija que invente una lista de palabras del cuento que describan (a) gusto, (b) olfato, (c) oído, (d) tacto o (e) vista. Sugiéranle que agregue palabras nuevas a las listas a medida que leen otros cuentos. Además, podría localizar cosas de la casa que se describen por medio de las palabras de la lista.

Atentamente,

Providing Many Experiences

Dear Parents,

One of the most valuable things you can do for your child to help him or her succeed in reading is to offer many experiences outside the home. Children who have had opportunities to see and explore the wide world outside are children who understand more of what they read.

For instance, a child who has seen a building under construction will have a much better concept of buildings when they are encountered in stories and books. A child who has been to a planetarium or gone fishing, for example, has a strong foundation of experiences to contribute to future reading on these subjects. Reading comprehension is built upon the experiences children bring to the printed page. Here are some suggestions:

1. As you work around the house, share your job with your child. Take some time to talk about the various parts of the work you are doing (e.g., fixing a faucet, sewing on a button) and, if practical, let your child participate in the activity too.
2. Take your child on "field trips" around the house. Look in the basement, attic, or different rooms and talk with your child about the sights and sounds you discover. You may even find new "treasures" in old familiar rooms.
3. Plan a "trip" around your neighborhood with your child. Take a walk and talk about some of the things you see and hear. Your child may wish to prepare a mini-scrapbook to record some of the things discovered on these trips.
4. Plan a car trip to someplace away from your town or city. Help your child look at a road map and discuss some of the sights you may see. If possible, bring a camera and take pictures of newly discovered items.
5. Every once in a while, take your child to the public library and look through magazines about distant places. Talk about some of the unusual sights you discover and any similarities or differences found.

READING "SPARKLER" OF THE WEEK: Write, or have your child write, the names of his or her favorite stories on separate pieces of paper. Put them in a bag or box. Each day, have your child select one title. This is the story you will read to him or her that day.

Sincerely,

Proveer muchas experiencias

Estimados padres de familia:

Una de las cosas más valiosas que pueden hacer para ayudar a que su hijo o hija tenga éxito en la lectura es ofrecer muchas experiencias fuera de casa. Los niños que han tenido oportunidades de ver y explorar el mundo extenso que los rodea son niños que entienden mejor lo que leen.

Por ejemplo, un niño que ha visto un edificio en construcción tendrá un concepto mucho más amplio de los edificios cuando los encuentre en cuentos y libros. Un niño que ha ido a un planetario o a pescar, por ejemplo, tiene una base sólida de experiencias que contribuyen a la lectura futura en esos temas. La comprensión de la lectura se basa en las experiencias que los niños tienen al encontrarse con la página escrita. Aquí se dan algunas sugerencias:

1. A medida que realizan los quehaceres de casa, expliquen el trabajo a su hijo o hija. Dediquen algún tiempo para hablar acerca de las distintas partes de la tarea (por ejemplo, componer una llave del agua, coser un botón) y, si es práctico, dejen que ayude o participe en la actividad también.
2. Lleven a su niño a "excursiones" por toda la casa. En el sótano, el desván o en diferentes cuartos, hablen acerca de lo que ven, lo que oyen y todo lo que descubren. Es posible que hasta encuentren nuevos "tesoros" en viejos lugares conocidos.
3. Planifiquen un "viaje" por el vecindario. Salgan a una caminata y hablen acerca de algunas de las cosas que ven y oyen. Tal vez su hijo o hija quiera preparar un álbum para anotar algunas de las cosas que descubrieron en el viaje.
4. Planifiquen un viaje por carro a algún lugar lejos del pueblo o ciudad donde viven. Muestren a su niño un mapa de carreteras y hablen acerca de lo que probablemente encontrarán. Si es posible, lleven una cámara y tomen fotos de lo que descubren.
5. De vez en cuando, vayan a la biblioteca pública a buscar fotos de lugares lejanos en revistas. Hablen acerca de las vistas poco comunes que descubran, así como también similitudes y diferencias que encuentren.

"CHISPAZO" SEMANAL DE LECTURA: Escriban, o pidan a su hijo o hija que escriba, los nombres de sus cuentos favoritos en diferentes trozos de papel. Pónganlos en una bolsa o caja. Cada día, pídanle que seleccione un título. Ése es el cuento que le van a leer ese día en voz alta.

Atentamente,

Learning from Experiences

Dear Parents,

Childhood is filled with many new and exciting experiences. Helping your child discover and appreciate these experiences will be an important part of his or her growth in reading—both now and for the future. Readers tend to use the experiences they have encountered in their lives as a foundation for understanding and enjoying the ideas in books and magazines. Helping your child succeed in reading can be stimulated by offering a variety of experiences outside the home—in the community, the neighborhood, and beyond. Try these ideas:

1. Plan a simple family project such as planting a small garden, building a simple bookcase, or preparing for a party. Be sure to involve your child in the various stages and talk about the steps involved. Your child may wish to record some of these in a small notebook.
2. Take time to visit some community buildings. The post office, fire or police station, or city hall offer wonderful opportunities for your child to expand his or her world of experiences.
3. Many industries conduct tours of their plants or factories. Call them and ask if you can arrange a tour for the family. Be sure to bring a camera and encourage your child to ask lots of questions.
4. Visit the airport, shopping mall, or downtown section of a nearby town where lots of people come and go. Discuss with your child the different people that you see. Ask your child to guess what they may be doing or what their jobs may be.
5. Help your child develop a new hobby or interest (building models, photography, collecting stamps). Show your child all the information available on that hobby in books and magazines. You may wish to locate and visit other hobbyists who can share some new information with your child.

READING "SPARKLER" OF THE WEEK: Take an old photograph or magazine picture and glue it to stiff cardboard. Cut it into several jigsaw pieces and mix them up. Direct your child to reassemble the picture and make up a story about it. The puzzle can then be placed in an envelope or kept in a box. As you add more puzzles, identify all the pieces to the same puzzle by writing the same number on each piece and labeling the envelope with that number and an appropriate title.

Sincerely,

Aprender de las experiencias

Estimados padres de familia:

La niñez está llena de muchas y nuevas experiencias emocionantes. Ayudar a su niño o niña a descubrir y valorar esas experiencias será una parte importante del progreso que tenga en la lectura, tanto ahora como en el futuro. Los lectores tienden a usar las experiencias que han tenido en la vida como una base para comprender y disfrutar las ideas que encuentran en libros y revistas. Al ofrecer a su hijo o hija una variedad de experiencias fuera de casa, como en la comunidad, el vecindario y aún más lejos, estarán estimulando su éxito en la lectura. Intenten las ideas siguientes:

1. Planifiquen un proyecto familiar sencillo, como sembrar un jardín pequeño, construir un librero sencillo o hacer preparativos para una fiesta. Asegúrense de involucrar al niño en las varias etapas y hablar sobre las etapas que se requieren. Dejen que anote algunas de ellas, si desea hacerlo.

2. Dediquen tiempo para visitar algunos edificios de la comunidad. El edificio de correos, el de la estación de bomberos y de policía ofrecen magníficas oportunidades para ampliar el mundo de experiencias de su hijo o hija.

3. Muchas industrias llevan a cabo paseos de visitantes en sus plantas o fábricas. Llamen para ver si es posible dar el paseo con la familia. Asegúrense de llevar cámara y animen a su hijo o hija a hacer muchas preguntas.

4. Visiten el aeropuerto, el centro comercial o el centro de un pueblo cercano donde vaya mucha gente de un lado a otro. Hablen acerca de los distintos tipos de gente que ven. Pídanle a su hijo hija que adivine qué estarán haciendo o qué trabajo tendrán.

5. Ayúdenle a comenzar un nuevo pasatiempo o interés (armar modelos, fotografía, coleccionar estampillas). Muéstrenle toda la información disponible sobre ese pasatiempo en libros o revistas. Si desean, busquen y visiten a personas que tengan el mismo pasatiempo y que quieran mostrarles nueva información.

"CHISPAZO" SEMANAL DE LECTURA: Tomen una foto vieja o un recorte de revista y péguenlo en cartón duro. Córtenlo en varias piezas de rompecabezas y revuélvanlas. Pídanle a su hijo o hija que forme la foto e invente un cuento acerca de ella. Luego se puede colocar el rompecabezas en un sobre o una caja. A medida que agregan más rompecabezas, identifiquen todas las piezas del mismo rompecabezas con un número en todas las piezas y en el sobre, y escríbanle un título apropiado.

Atentamente,

Experiences Lead to Reading

Dear Parents,

The experiences we have during our childhood are often the ones we remember most vividly. Children encounter many new experiences every day, each one having some small impact on that child's growth and development. Whether it be the discovery of an autumn leaf or seeing a new-born kitten for the first time, a child's world is ripe for many discoveries. It is these experiences that form the foundation for later reading comprehension and understanding.

In other words, reading becomes more personal for a child when he or she can base it on actual experiences. Parents can play a vital role in helping their child discover many new experiences:

1. Work with your child to create a notebook about faraway places. Cut out photos from old magazines or newspapers. Paste these on sheets of paper and write some captions for them.
2. If you have a camera or can borrow one, visit a new area in your community and take some pictures. Discuss some of the things in each one after the prints have been received.

3. Plan a special trip to the zoo, museum, opera house, arboretum, game preserve, aquarium, or farm. Encourage your child to help plan the trip and be sure to take time to talk about it afterwards.
4. Pull out old family albums or documents. Talk with your child about the family history, some of your child's ancestors, and where family members have lived. Your child may want to put together a special scrapbook of recent family history.
5. Read books to your child about the past. Discuss with him or her the similarities or differences in the way we live now.

READING "SPARKLER" OF THE WEEK: Work with your child to create a small indoor garden. Put some soil in small milk cartons and plant several varieties of flower or vegetable seeds. Share the directions on the seed packets with your child concerning planting depth, watering instructions, and length of time until maturity. Help your child keep a notebook about this mini-garden.

Sincerely,

Las experiencias llevan a la lectura

Estimados padres de familia:

Las experiencias que tenemos durante la niñez muchas veces son las que recordamos con más vividez. Los niños encuentran muchas experiencias nuevas todos los días, y cada una causa un pequeño impacto en el crecimiento y desarrollo del niño. Ya sea descubrir una hoja de otoño o ver un gatito recién nacido por primera vez, el mundo del niño está listo para muchos descubrimientos. Son estas experiencias las que forman la base para la comprensión de lectura que llega más adelante.

En otras palabras, la lectura será más personal para un niño si la puede relacionar con experiencias reales. Los padres pueden jugar un papel vital en ayudar a su hijo o hija a descubrir muchas experiencias nuevas:

1. Elaboren un cuaderno sobre lugares lejanos. Recorten fotos de revistas viejas o periódicos. Péguenlas en hojas de papel y escriban leyendas acerca de ellas.
2. Si tienen cámara o pueden pedir una prestada, visiten una zona nueva de su comunidad y tomen unas cuantas fotos. Hablen acerca de las cosas que ven en cada una después de recibir las fotos reveladas.
3. Planifiquen un paseo especial al zoológico, museo, sala de ópera, jardín botánico, acuario o granja. Animen a su hijo o hija a que ayude a planificar el paseo y asegúrense de dedicar tiempo para hablar de él después de llevarlo a cabo.
4. Saquen álbumes familiares o documentos viejos. Hablen acerca de la historia de la familia, algunos de los antepasados del niño y dónde han vivido los miembros de la familia. Es probable que quiera formar un álbum especial de la historia familiar reciente.
5. Léanle libros sobre el pasado. Hablen sobre las similitudes y las diferencias entre la vida del pasado y la actual.

"CHISPAZO" SEMANAL DE LECTURA: Formen un jardín interior pequeño con su hijo o hija. Pongan un poco de tierra en cajas pequeñas de leche y siembren diferentes variedades de semillas de flores y vegetales. Lean las instrucciones del paquete de semillas con respecto a la profundidad para sembrar, instrucciones de riego y el período de tiempo hasta la madurez de la planta. Ayúdenle al niño a llevar notas en un cuaderno sobre el minijardín.

Atentamente,

Using Children's Magazines

Dear Parents,

One of the best ways you can help stimulate the reading habit in your child is by subscribing to a children's magazine. Any child who has ever gotten his or her own mail knows the joy that comes from reading and listening to something created just for him or her. Children's magazines contain a wealth of valuable activities and projects that can stimulate reading and encourage the development of creative thinking. A child who regularly receives a magazine will undoubtedly be a child who wants to read on his or her own. The following are some ideas for using children's magazines:

1. After your child has collected several magazines, ask him or her to select some favorite stories, remove them from the magazine, paste each to a sheet of construction paper, and sew them together with yarn. These collections can then be added to your child's library.

2. Remove one or two stories from several magazines and cut off the endings (the last two to three paragraphs). Read each story to your child and ask him or her to suggest appropriate endings. Match each of your child's endings with the originals.

3. Cut out a story from a magazine and remove any pictures. After you and your child have shared the story together, ask him or her to draw some new and original illustrations. They can be compared (in content, not artwork) to the original illustrations later.

4. Be sure to play the games and work on the projects in the magazines together with your child. By sharing these activities you will be helping your child appreciate your interest in his or her learning.

5. Occasionally, you and your child will discover advertisements for various catalogs in children's magazines. Send for these (using your child's name) and when they arrive, share them with your child. Help your child understand that reading includes more than just books and magazines.

READING "SPARKLER" OF THE WEEK: Help your child locate clothing or objects that a character in a favorite book may have worn. Your child may wish to dress up as a character and reenact a portion of the story. You may also wish to set up a special display in the house with a copy of the book, some clothing, an illustration or two, and/or some objects located in the house.

Sincerely,

Uso de revistas infantiles

Estimados padres de familia:

Una de las mejores maneras en que pueden estimular el hábito de lectura en su hijo o hija es suscribiéndose a un revista infantil. Cualquier niño que haya recibido su propia correspondencia alguna vez sabe la alegría que causa leer y oír algo que está hecho justamente para él o ella. Las revistas infantiles contienen una riqueza de actividades y proyectos valiosos que pueden estimular la lectura y el desarrollo del pensamiento creativo. Un niño que con regularidad recibe una revista sin duda será un niño que querrá leer por su cuenta. A continuación se dan ideas para el uso de revistas infantiles:

1. Después de que su hijo o hija haya coleccionado varias revistas, pídanle que escoja algunos cuentos favoritos, los quite de la revista, los pegue en hojas de cartulina y los cosa por la orilla con lana. Estas colecciones pueden agregarse a la biblioteca del niño.

2. Quiten uno o dos cuentos de varias revistas y recorten el final (los últimos dos o tres párrafos). Léanle cada cuento a su hijo o hija y pídanle que sugiera un final apropiado. Luego comparen ese final con el original.

3. Recorten un cuento de una revista y quítenle las ilustraciones. Después de que han leído el cuento con su hijo o hija, pídanle que dibuje otras ilustraciones nuevas y originales. Luego compárenlas (en cuanto a contenido, no habilidad artística) con las ilustraciones originales.

4. Asegúrense de jugar los juegos y trabajar en los proyectos de las revistas con su hijo o hija. Al compartir esas actividades estarán ayudándole a apreciar el interés que ponen en su aprendizaje.

5. De vez en cuando, encontrarán anuncios de varios catálogos en las revistas infantiles. Pídanlos (a nombre del niño), y cuando lleguen, véanlos juntos. Háganle ver que la lectura cubre más que sólo libros y revistas.

"CHISPAZO" SEMANAL DE LECTURA: Ayuden a su hijo o hija a buscar ropa u objetos que haya llevado un personaje de un libro favorito. Es probable que él o ella quiera vestirse como un personaje y representar una parte del cuento. Si desean, arreglen una exhibición especial en casa con una copia del libro, algo de ropa, unas ilustraciones y/o algunos objetos de la casa.

Atentamente,

Children's Book Clubs

Dear Parents,

One of the greatest gifts you can give your child is the gift of reading. Children who grow up in a reading environment are children who appreciate all the joys and wonders provided by books. One way you can help develop the reading habit for your child is by having him or her join a children's book club. Imagine the look on your child's face every month or so as he or she receives a package addressed specifically to him or her! The excitement of opening his or her own package and discovering a new adventure, thrilling mystery, fascinating biography, or imaginative story is surely a stimulus to reading enjoyment for your child. The time and effort can certainly be a positive dimension of your child's growth in reading. The following guidelines can help you select an appropriate club:

1. Will the bindings of the books last a long time?
2. Are the illustrations of high quality? Are there too many or too few?
3. Is the size of print too small or too large?
4. Are the stories the right length for your child?
5. Is there a large variety in the type of literature such as poems, games, stories, etc.?
6. How many books will you need to purchase in the next year?
7. Are you allowed to cancel the membership at any time? Is there a minimum number of purchases?
8. Are you permitted free inspection of the books before buying?
9. Are there sufficient selections that match the interests of your child?

READING "SPARKLER" OF THE WEEK: Cut out pictures from old magazines of unusual objects or animals that are not found in your part of the country. Paste these on sheets of paper. Every so often, ask your child to make up a story about the object or animal or to suggest descriptive words that may tell about it. Encourage your child to use his or her imagination. These stories or words can be written on the sheet for display in his or her room.

Sincerely,

FROM *LETTERS TO PARENTS IN READING*, PUBLISHED BY GOOD YEAR BOOKS. COPYRIGHT ©1998 GOOD YEAR BOOKS.

Clubes de libros infantiles

Estimados padres de familia:

Uno de los regalos más grandes que pueden darle a su hijo o hija es el regalo de la lectura. Los niños que crecen en un ambiente donde se lee son niños que valoran todas las alegrías y las maravillas que los libros proveen. Una manera en que pueden ayudar a la formación del hábito de la lectura de su niño es uniéndolo a un club de libros infantiles. ¡Imaginen la mirada en la cara de su niño cada mes o cada vez que reciba un paquete dirigido específicamente para él! La emoción de abrir su propio paquete y descubrir una nueva aventura, misterio conmovedor, biografía fascinante o cuento imaginativo es seguramente un estímulo para su niño en cuanto al gozo de la lectura. El tiempo y el esfuerzo ciertamente pueden ser una dimensión positiva del progreso en lectura de su hijo o hija. La siguiente guía puede servir para seleccionar un club apropiado:

1. ¿Durará mucho tiempo la encuadernación de los libros?
2. ¿Son de alta calidad las ilustraciones? ¿Hay demasiadas o muy pocas?
3. ¿Es demasiado pequeño o demasiado grande el tamaño de la letra?
4. ¿Tienen los cuentos la longitud adecuada para su hijo o hija?
5. ¿Hay una amplia variedad en el tipo de literatura, como poemas, juegos, cuentos, etc.?
6. ¿Cuántos libros debe comprar al año?
7. ¿Se permite cancelar la suscripción en cualquier momento? ¿Hay un número mínimo de compras?
8. ¿Se permite inspeccionar los libros en forma gratis antes de comprar?
9. ¿Hay suficientes selecciones o lecturas que concuerden con los intereses de su niño?

"CHISPAZO" SEMANAL DE LECTURA: Recorten fotos en revistas viejas de objetos o animales poco comunes que no se encuentren en la parte del país donde ustedes viven. Peguen las fotos en hojas de papel. Cada cierto tiempo, pidan a su hijo o hija que invente un cuento sobre el objeto o animal, o que sugiera palabras que lo describan. Sugiéranle que use su imaginación. Esos cuentos o palabras pueden escribirse en la hoja y colgarse en el cuarto del niño.

Atentamente,

In the Public Library

Dear Parents,

The public library can be an important part of your child's education. Not only does it contain thousands of books, but it can also offer your child a variety of reading-related activities, both during the school year as well as during vacation times. Encouraging your child to make the library a regular part of his or her reading experiences can be a positive way of stimulating a lifelong reading habit. The following are some activities and programs that the public library may offer you and your child:

1. Make sure your family has a family library card. Some libraries will permit students to sign up for their own cards.
2. Some libraries have special story hours for youngsters of all ages, as well as "Meet the Authors" and discussion groups. Check with your local librarians for the times and days in your town.
3. Often the library will schedule special workshops for children. These sessions will provide opportunities for young readers to create book-related projects such as mobiles, dioramas, and posters.
4. Many libraries have a reference librarian who can be of invaluable assistance in locating homework information. Many times this information can be obtained with just a simple phone call.
5. Many libraries have sections especially for parents. Included may be books on parenting, special workshops or classes, or family book lists available for the asking.

READING "SPARKLER" OF THE WEEK: Ask your child to illustrate the most exciting (or saddest, scariest, etc.) part of a recently read book. These pictures may be appropriate for display in your child's room, the family room, or even on the refrigerator door.

Sincerely,

En la biblioteca pública

Estimados padres de familia:

La biblioteca pública puede ser una parte importante en la educación de su hijo o hija. No sólo contiene miles de libros, sino también ofrece una variedad de actividades relacionadas con la lectura, tanto durante el año escolar como durante la época de vacaciones. Darle ánimo a su hijo o hija para que la biblioteca forme parte de sus experiencias de lectura puede ser una manera positiva de estimular un hábito de lectura para toda la vida. A continuación se dan algunas actividades y programas que posiblemente les ofrezca la biblioteca:

1. Asegúrense de que la familia tiene una tarjeta o carnet familiar de biblioteca. Algunas bibliotecas permiten que los estudiantes tengan sus propias tarjetas.
2. Algunas bibliotecas tienen hora de cuentos para niños de todas edades, así como grupos de "Conozcamos a los autores" y grupos de discusión.
3. Muchas veces las bibliotecas organizan talleres especiales para niños. Esas sesiones proveen oportunidades para que los pequeños lectores hagan proyectos relacionados con los libros, como móbiles, dioramas y carteles.
4. Muchas bibliotecas tienen un bibliotecario o bibliotecaria que puede dar ayuda valiosa a la hora de buscar información para tareas. Muchas veces se puede obtener esa información con sólo una llamada por teléfono.
5. Muchas bibliotecas tienen secciones especiales para padres, donde podrían encontrarse libros de guías para padres, talleres o clases especiales o listas de libros para la familia a disposición de quien las pida.

"CHISPAZO" SEMANAL DE LECTURA: Pida a su hijo o hija que ilustre la parte más emocionante (triste, de miedo, etc.) de un libro que haya leído recientemente. Esas ilustraciones pueden exhibirse en el cuarto del niño, la sala familiar o en la puerta del refrigerador.

Atentamente,

FROM *LETTERS TO PARENTS IN READING*, PUBLISHED BY GOOD YEAR BOOKS. COPYRIGHT ©1998 GOOD YEAR BOOKS.

Public Library Services

Dear Parents,

Your local public library can provide your child with rich and valuable experiences with books and reading. Many libraries realize that children who develop the reading habit early will become lifelong readers. For that reason, many libraries offer a variety of services designed to appeal to both children and families alike. Investigate your local library with your child and discover the many things that are in store for you.

1. Many community libraries have bookmobiles that make regular trips into several neighborhoods. Try to find out when and where the bookmobile will be in your area and be sure to take your child for a visit.
2. Some libraries stock collections of children's games and puzzles. Most of these are educational in nature and can help in the development of reading-related skills.
3. Don't forget the library during vacation times. Many libraries offer special programs during the summer or other holiday times. Call and check on what's happening at your library.
4. Check with your local library to see if they offer a special series of children's films. These films, often keyed to popular children's books, can be a powerful stimulus in helping your child expand his or her reading horizons.
5. When you go out shopping, make your local library a part of the trip. Stop by and pick up a new book for your child as a regular part of your "shopping list."

READING "SPARKLER" OF THE WEEK: Write your child's name in large letters vertically on a large piece of paper. As you and your child share new books, look for characters whose names begin with the letters in your child's name. Record the character names opposite the letters in your child's name on the paper until all letters are completed. Encourage your child to decorate and illustrate the sheet.

Sincerely,

Servicios de la biblioteca pública

Estimados padres de familia:

La biblioteca pública local puede proveer a su hijo o hija experiencias de lectura ricas y valiosas. Muchas bibliotecas se dan cuenta de que los niños que se forman el hábito de la lectura a temprana edad serán lectores para toda la vida. Por esa razón, muchas bibliotecas ofrecen una variedad de servicios diseñados para atraer tanto a niños como a familias. Visiten la biblioteca local con su hijo o hija y descubra las muchas cosas que les esperan:

1. Muchas bibliotecas comunitarias tienen carros "biblioteca ambulante" de libros, que hacen visitas regulares a algunos vecindarios. Averigüen cuándo y dónde llega la "biblioteca ambulante" a su vecindario y asegúrense de llevar a su hijo o hija para que la visite.

2. Algunas bibliotecas tienen colecciones de juegos y rompecabezas para niños. La mayoría de ellos son educativos y pueden servir para desarrollar destrezas de lectura.

3. No se olviden de las bibliotecas a la hora de las vacaciones. Muchas bibliotecas ofrecen programas especiales de verano o durante las fiestas. Llamen para averiguar qué habrá en la biblioteca.

4. Pregunten en la biblioteca local si ofrecen una serie especial de películas para niños. Esas películas, muchas veces basadas en libros infantiles muy populares, pueden ser un estímulo influyente para que su hijo o hija amplíe sus horizontes en la lectura.

5. Cuando vayan de compras, hagan que la biblioteca sea parte del viaje. Paren a sacar un libro para su hijo o hija como parte regular de la "lista de compras".

"CHISPAZO" SEMANAL DE LECTURA: Escriban el nombre de su hijo o hija en letras grandes verticalmente sobre una hoja grande de papel. A medida que leen nuevos libros juntos, busquen personajes cuyos nombres comiencen con las letras del nombre de su hijo o hija. Anoten los nombres de los personajes en dirección opuesta a las letras del nombre de su hijo o hija hasta que completen todas las letras. Sugiéranle que decore o ilustre la hoja.

Atentamente,

Using the Newspaper

Dear Parents,

Newspapers are a source of reading material available to many homes. They are inexpensive, readily available, and can be an important part of your child's reading growth. Newspapers offer topics that are current and relevant in addition to offering your child hundreds of activities and ideas that stimulate reading development. You may find some of the following ideas appropriate for you and your child to share together:

1. Ask your child to cut out four to five headlines from the newspaper. Give them to your child and direct him or her to create new stories for each headline. Your child may wish to tell these stories to you or write them in a notebook.
2. Ask your child to make up positive headlines that include the names of family members. Your child may wish to post these for all to see.
3. Ask your child to cut out letters from newspaper headlines to create his or her own words. These words can be pasted on cardboard or index cards to save. Sentences can also be made.
4. Direct your child to look at furniture ads and cut out those items that belong in the bedroom, kitchen, living room, den, etc. These can be pasted on different sheets of paper. Do the same activity for food groups, kinds of clothing, models of cars, and so on.
5. Check to see if a local or nearby newspaper has a Newspaper In Education (NIE) program. If so, ask them for a free guide to their materials.

READING "SPARKLER" OF THE WEEK: Work with your child to create an advertisement for a recently read book. Look at several examples in old magazines or newspapers and have your child create an original one for a favorite story. Your child may wish to "sell" his or her book to other family members.

Sincerely,

Uso del periódico

Estimados padres de familia:

Los periódicos son una fuente de material de lectura disponible en muchas casas. Son baratos, fáciles de conseguir y pueden ser una parte importante del progreso en lectura de su hijo o hija. Los periódicos ofrecen temas de actualidad e interés, además de ofrecer cientos de actividades e ideas que estimulan el progreso en la lectura. Probablemente hallarán algunas ideas apropiadas para realizarlas con su hijo o hija dentro de las siguientes:

1. Pidan a su hijo o hija que recorte cuatro o cinco titulares del periódico. Dénselas y pídanle que invente nuevos artículos para cada titular. Pídanle que cuente o escriba los nuevos artículos.

2. Pídanle que invente titulares positivos que incluyan el nombre de los miembros de la familia. Si desea, los puede exhibir para que todos los vean.

3. Pídanle que recorte letras de titulares del periódico para formar sus propias palabras. Esas palabras pueden pegarse en cartón o tarjetas. También pueden formarse oraciones.

4. Dirijan a su hijo o hija a que busque anuncios de muebles y recorte los artículos que van en el dormitorio, la cocina, la sala, etc. Éstos deben pegarse en diferentes hojas de papel. Hagan la misma actividad para grupos de alimentos, tipos de ropa, modelos de carros, etc.

5. Vean si un periódico local o cercano tiene un programa educativo (*Newspaper In Education* o *NIE*). Si lo tienen, pidan una guía gratis de sus materiales.

"CHISPAZO" SEMANAL DE LECTURA: Ayuden a su hijo o hija a hacer un anuncio acerca de un libro que leyeron recientemente. Miren varios ejemplos en revistas o periódicos viejos y pidan a su hijo o hija que haga uno original para un cuento favorito. Tal vez quiera "vender" su libro a otros miembros de la familia.

Atentamente,

Newspaper Activities

Dear Parents,

The daily newspaper contains a wealth of learning activities that can be used to help your child in reading. It is probably the world's most inexpensive textbook and, best of all, it can come to your front door every day. Familiarizing your child with the sections, activities, and projects in your paper can lead to greater reading competence. The daily newspaper can be an important way for your child to have a constant yet everchanging source of reading material in the house. You and your child can discover dozens of ways to use the newspaper as a source of reading games and activities. Here are some starters:

1. Cut out several words from newspaper headlines and ask your child to put them in alphabetical order.
2. Cut out several pictures from the newspaper and the accompanying captions. Separate the captions from the pictures, mix them up, and direct your child to match each photo with the correct caption.
3. Pick out an ad from the sports or fashion section and ask your child to point to all the words he or she knows. Print these on a separate piece of paper and paste the ad to this paper.
4. Cut out a comic strip and ask your child to make up four or five questions about it that can be shared with other family members.
5. Point to selected words in headlines and ask your child to think of a rhyming word for each one. Keep lists of these words.

READING "SPARKLER" OF THE WEEK: Cut out letters from the newspaper and tape them on the black squares of a checkerboard. Play a game of checkers with your child, but before anyone can "land" on a square, the player must say one word that begins with that letter. Later, you may wish to make the game more challenging by stating that every word used must be different or that two words must be named for each letter. You may also want to put words on each square with each player required to use a word in a sentence before landing on that space.

Sincerely,

Actividades del periódico

Estimados padres de familia:

El periódico contiene una riqueza de actividades de aprendizaje que pueden usarse para ayudar a su hijo o hija en la lectura. Es probablemente el libro de texto más barato del mundo y, lo mejor de todo, puede llegar a su casa todos los días. Familiarizar a su hijo o hija con las secciones, actividades y proyectos del periódico puede llevar a mejoría en la lectura. El periódico de todos los días puede ser una manera importante de darle a su hijo o hija una fuente constante y a la vez variada de material de lectura en casa. Descubrirán docenas de maneras de usar el periódico como fuente de juegos de lectura y actividades. Aquí se mencionan algunas para empezar:

1. Recorten varias palabras de titulares de periódico y pidan a su hijo o hija que las arregle en orden alfabético.
2. Recorten varias fotos del periódico 73 73

y las leyendas correspondientes. Separen las leyendas de las fotos, revuélvanlas y pidan al niño que una cada foto con la leyenda correcta.

3. Escojan un anuncio de la sección de deportes o modas y pidan a su hijo o hija que señale todas las palabras que conozca. Escríbanlas en una hoja aparte y peguen el anuncio en esa hoja.
4. Recorten una tira cómica y pidan a su hijo o hija que invente cuatro o cinco preguntas sobre la tira cómica para hacérselas a otros miembros de la familia.
5. Señalen ciertas palabras de los titulares y pídanle que piense en una palabra que rime con cada una. Escriban una lista de esas palabras.

"CHISPAZO" SEMANAL DE LECTURA: Recorten letras del periódico y péguenlas en los cuadros negros de un tablero del juego de damas. Jueguen un juego de damas, pero antes de "caer" en un cuadro, el jugador debe decir una palabra que empieza con esa letra. Más adelante, se puede hacer el juego más difícil diciendo que cada palabra que se usa debe ser diferente o que debe darse dos palabras para cada letra. También pueden ponerse palabras en los cuadros y el jugador deberá usar la palabra en una oración antes de caer en el espacio.

Atentamente,

FROM *LETTERS TO PARENTS IN READING*, PUBLISHED BY GOOD YEAR BOOKS. COPYRIGHT ©1998 GOOD YEAR BOOKS.

Newspaper Fun

Dear Parents,

The daily newspaper offers many learning opportunities for your child. It can be used to supplement the books and stories your child reads or listens to you read. Newspapers are a rich source of games and other activities that remain fresh and interesting throughout the year.

It makes no difference what grade your child is in—there is a wealth of reading opportunities in a newspaper. With a little imagination, you and your child may discover dozens of projects and activities that can make learning to read an exciting part of your sharing time together. As a parent, you can help your child feel comfortable with the newspaper. Try these activities:

1. Cut out a picture or ad from the paper. Show it to your child and say, "I see something that begins with the letter *t.*" Ask your child to point out the object. Do this with other pictures and other letters.
2. Cut out a section of an article and ask your child to put a circle around all the vowels, or all the consonants, or all the two-syllable words.
3. Select certain words from advertisements or the weather report and ask your child to suggest antonyms (words opposite in meaning).
4. Cut out a comic strip from the paper and remove the last block. Share the strip with your child and ask him or her to suggest a possible ending for the strip. Compare his or her ending with the actual one.
5. On separate index cards, write several descriptive words (i.e., *large, tiny, beautiful*). Ask your child to choose several cards and locate photos in the paper that can be described with one of the words.

READING "SPARKLER" OF THE WEEK: Get several clothespins and on each one write a descriptive word such as blue, large, plaid, *or* sharp. *Ask your child to go through the house and clip each clothespin to an object that can be described with the appropriate word. Later ask your child to put the clothespins on other objects that can also be described in the same way. "Write up" new clothespins every so often.*

Sincerely,

Diversión con el periódico

Estimados padres de familia:

El periódico ofrece muchas oportunidades de aprendizaje para los niños. Una manera de usarlo es para suplementar los libros y cuentos que leen o que ustedes les leen en voz alta. Los periódicos son una fuente rica de juegos y otras actividades que permanecen actualizadas e interesantes durante todo el año.

No importa en qué grado esté su hijo o hija; existe una riqueza de oportunidades de lectura en el periódico. Con un poco de imaginación, es posible que descubran docenas de proyectos y actividades que pueden hacer que el aprendizaje de la lectura sea algo emocionante durante el tiempo que pasan juntos. Como padres, denle confianza a su hijo o hija al usar el periódico. Intenten las actividades siguientes:

1. Recorten un dibujo o anuncio del periódico. Muéstrenselo al niño y digan, por ejemplo, "Veo algo que comienza con la letra *t*". Pídanle que señale el objeto. Hagan lo mismo con otros dibujos y otras letras.
2. Recorten una sección de un artículo y pídanle al niño que haga un círculo alrededor de todas las vocales, o todas las consonantes, o bien, todas las palabras de dos sílabas.
3. Escojan ciertas palabras de anuncios o de reportajes del estado del tiempo y pidan a su niño que sugiera antónimos (palabras con significados opuestos).
4. Recorten una tira cómica del periódico y quítenle el último cuadro. Muéstrensela a su niño y pídanle que sugiera un final posible. Comparen ese final con el original.
5. En tarjetas separadas, escriban varias palabras que den adjetivos calificativos (por ejemplo, *grande, pequeño, lindo*). Pidan a su niño que escoja varias tarjetas y busque fotos en el periódico que puedan describirse con una de las palabras.

"CHISPAZO" SEMANAL DE LECTURA: Tomen varios ganchos de ropa y en cada uno escriban un adjetivo, como azul, grande, rayado *o* filudo. *Pidan a su hijo o hija que pase por la casa y prenda el gancho al objeto que describa la palabra. Más adelante pídanle que prenda los ganchos a otros objetos que también se describen con las palabras. Preparen nuevos ganchos cada cierto tiempo.*

Atentamente,

Information Agencies

Dear Parents,

  While it is extremely important that this time together be relaxed and unhurried, you may also discover the need for more ideas and information than these letters can provide. Fortunately, there are many organizations that can provide you with a variety of suggestions and information useful in helping your child succeed in reading as well as other aspects of life. You may wish to contact some of these agencies in order to obtain additional ideas:

1. Send a self-addressed, 6"x9" stamped envelope to obtain a folder entitled "Choosing a Child's Book," which describes several lists of books for children. Write to: Children's Book Council, 568 Broadway, Suite 404, New York, NY 10012, e-mail: staff@cbcbooks.org

2. To obtain a list of recommended books for all ages, write to: Superintendent of Documents, U.S. Government Printing Office, Washington, D.C. 20402.

3. The Consumer Information Center has a 64-page brochure with activities to help you and your child develop a strong foundation for reading. To obtain write to: Consumer Information Center, Pueblo, CO 81009, e-mail: catalog.pueblo@gsa.gov

4. One organization that can provide you with a wealth of information is the National PTA. Write to: National PTA, One IBM Plaza, Chicago, IL 60611, e-mail: info@pta.org

READING "SPARKLER" OF THE WEEK: If possible, obtain some old photographs or slides from relatives or grandparents. For selected ones, ask your child to create a special story that can be recorded or written.

Sincerely,

Agencias de información

Estimados padres de familia:

Ayudar a su hijo o hija en la lectura puede ser uno de los aspectos más emocionantes de su crecimiento. A pesar de que es sumamente importante que ese tiempo que pasan juntos sea relajado y sin prisas, es posible que considere necesario buscar más ideas e información de lo que se ofrece en estas cartas. Afortunadamente, hay muchas organizaciones que proveen una gran variedad de sugerencias e información útil para ayudar a su hijo o hija a tener éxito en la lectura, así como en otros aspectos de la vida. Si desean, pónganse en contacto con algunas de las siguientes agencias para obtener más ideas:

1. Envíen un sobre de 6"x9" dirigido a ustedes mismos y con estampilla postal para obtener una carpeta titulada *"Choosing a Child's Book"* (Cómo escoger un libro para niños), que describe varias listas de libros para niños. Escriban a: Children's Book Council, 568 Broadway, Suite 404, New York, NY 10012.
2. Para obtener una lista de libros recomendados para todas las edades, escriban a: Superintendent of Documents, U.S. Government Printing Office, Washington, D.C. 20402.
3. El Consumer Information Center tiene un folleto con actividades que les ayudará a ustedes y al niño a formar una base sólida para la lectura. Para obtenerlo escriban a: Consumer Information Center, Pueblo, CO 81009.
4. Una organización que provee una riqueza de información en español o inglés es el Centro para el Estudio de Libros Infantiles y Juveniles en Español. Escriban a Dr. Isabel Schon, Directora, California State University San Marcos, San Marcos, CA 92096-0001. e-mail: ischon@mailhost1.csusm.edu.

"CHISPAZO" SEMANAL DE LECTURA: Si es posible, obtengan algunas fotografías o diapositivas viejas por medio de parientes o abuelos. Después de elegir algunas, pidan a su hijo o hija que invente un cuento especial, ya sea para grabarlo o escribirlo.

Atentamente,

FROM *LETTERS TO PARENTS IN READING*, PUBLISHED BY GOOD YEAR BOOKS. COPYRIGHT ©1998 GOOD YEAR BOOKS.

Special Parent Brochures

Dear Parents,

Many organizations and groups provide materials and services that can be helpful in working with your child. Much of the information these groups provide is free or available for a very small fee. The kinds of information available may include: tips on working with your child, the importance of good nutrition, inexpensive games to make, and recommended lists of books. Private as well as public organizations can send you a wealth of material that will not only help your child in reading, but in all your child's school subjects.

One organization that is very concerned about the role of parents in their children's reading development is the International Reading Association. They have a number of parent brochures you may wish to obtain. Single copies of the following eight brochures are available free by sending a #10 self-addressed, stamped envelope (with first-class postage for two ounces) to: IRA, 800 Barksdale Rd., P.O. Box 8139, Newark, DE 19714-8139.

1. Your Home Is Your Child's First School
2. You Can Encourage Your Child to Read
3. Good Books Make Reading Fun for Your Child
4. Summer Reading Is Important
5. You Can Use Television to Stimulate Your Child's Reading Habits
6. Studying: A Key to Success... Ways Parents Can Help
7. You Can Help Your Child in Reading by Using the Newspaper
8. Eating Well Can Help Your Child Learn Better

READING "SPARKLER" OF THE WEEK: Cut out shapes of fish from stiff cardboard and attach a paper clip to each one. Ask your child for some favorite words and print one on each "fish." Tie a magnet to a stick and place the "fish" in a bowl or large container. Direct your child to "fish" for a word. For each "fish" caught, ask your child to make up two different sentences using that word.

Sincerely,

Folletos para padres

Estimados padres de familia:

Muchas organizaciones y grupos proveen materiales y servicios que pueden ser útiles al trabajar con su hijo o hija. Mucha de la información que proveen esos grupos es gratis o está disponible a una cuota muy baja. Entre las clases de información disponible se encuentran: consejos para trabajar con sus hijos, la importancia de una buena nutrición, juegos para elaborar a bajo costo y listas de libros recomendados. Tanto organizaciones privadas como públicas envían una riqueza de material que no sólo ayudarán a su hijo o hija en la lectura, sino también en todas las materias escolares.

Una organización que se interesa mucho por el papel que juegan los padres en el progreso en la lectura de sus hijos es la International Reading Association. Tienen varios folletos para padres que ustedes podrían obtener si lo desean. Una copia de los siguientes ocho folletos se obtienen gratis al enviar un sobre #10 dirigido a ustedes mismos y con estampilla postal (con franqueo de primera clase por dos onzas) a: IRA, 800 Barksdale Rd., P.O. Box 8139, Newark, DE 19714-8139.

1. Your Home Is Your Child's First School (El hogar es la primera escuela de su hijo)
2. You Can Encourage Your Child to Read (Usted puede animar a su hijo a leer)
3. Good Books Make Reading Fun for Your Child (Los buenos libros convierten la lectura en algo divertido para su hijo)
4. Summer Reading Is Important (La lectura de verano es importante)
5. You Can Use Television to Stimulate Your Child's Reading Habits (Use la televisión para estimular los hábitos de lectura de su hijo)
6. Studying: A Key to Success…Ways Parents Can Help (El estudio: Una llave para el éxito… Maneras en que los padres pueden ayudar)
7. You Can Help Your Child in Reading by Using the Newspaper (Ayude a su hijo en la lectura usando el periódico)
8. Eating Well Can Help Your Child Learn Better (Comer bien puede ayudar a su hijo a aprender mejor)

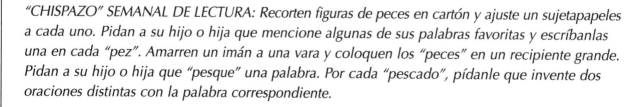

"CHISPAZO" SEMANAL DE LECTURA: Recorten figuras de peces en cartón y ajuste un sujetapapeles a cada uno. Pidan a su hijo o hija que mencione algunas de sus palabras favoritas y escríbanlas una en cada "pez". Amarren un imán a una vara y coloquen los "peces" en un recipiente grande. Pidan a su hijo o hija que "pesque" una palabra. Por cada "pescado", pídanle que invente dos oraciones distintas con la palabra correspondiente.

Atentamente,

FROM *LETTERS TO PARENTS IN READING,* PUBLISHED BY GOOD YEAR BOOKS. COPYRIGHT ©1998 GOOD YEAR BOOKS.

Free Book Lists

Dear Parents,

It is not unusual for parents to be amazed at the number of children's books available on the market. While many parents want to provide their children with new books on a regular basis, trying to locate the "right" ones is often difficult. A single trip into the local bookstore will reveal a tremendous number of books for all ages, abilities, and interests. Fortunately, there are several groups that can help you select and choose books that are appropriate for your child. Some of them are mentioned below:

1. Send a stamped, self-addressed envelope to: The Association for Library Service to Children, 50 East Huron St., Chicago, IL 60611, and ask for information on Caldecott Medal Books and Newbery Award Books and a listing of the best books of the year. e-mail: alsc@ala.org

2. To receive a bibliographic list of the year's most popular books selected by 10,000 children nationwide, send a 9"x 11" self-addressed, stamped envelope to: International Reading Association, P.O. Box 8139, Newark, DE 19714-8139.

READING "SPARKLER" OF THE WEEK: Obtain a large sheet of newsprint or poster paper (available from a stationery or art supply store) and help your child make a poster of his or her four favorite books. You may wish to include illustrations of favorite characters, a book jacket cover or two, new words discovered in the stories, related pictures cut out of old magazines, or even photos of your child reading the book(s). Be sure to put the poster in a prominent place for all to see.

Sincerely,

FROM *LETTERS TO PARENTS IN READING*, PUBLISHED BY GOOD YEAR BOOKS. COPYRIGHT ©1998 GOOD YEAR BOOKS.

Listas gratis de libros

Estimados padres de familia:

No es raro que los padres se asombren de la cantidad de libros infantiles que existen. A pesar de que muchos padres quieren dar a sus hijos nuevos libros con regularidad, tratar de encontrar los libros "correctos" es muchas veces difícil. Las librerías locales venden una tremenda cantidad de libros para todas las edades, habilidades e intereses. Afortunadamente, hay varios grupos que pueden ayudarles a seleccionar libros que sean apropiados para su niño. Algunos se mencionan a continuación:

1. Envíen un sobre dirigido a ustedes mismos y con estampilla postal a: The Association for Library Service to Children, 50 East Huron St., Chicago, IL 60611, y pidan la información de los libros ganadores de la medalla Caldecott y el premio Newbery y una lista de los mejores libros del año.
2. Para recibir una lista bibliográfica de los libros de más popularidad escogidos por 10,000 niños a nivel nacional, envíen un sobre de 9"x 11" dirigido a ustedes mismos y con estampilla postal a: International Reading Association, P.O. Box 8139, Newark, DE 19714-8139.

"CHISPAZO" SEMANAL DE LECTURA: Obtengan un pliego grande de papel o de papel para carteles (de venta en tiendas de papelería o de artículos de arte) y ayuden a su hijo o hija a hacer un cartel de sus cuatro libros favoritos. Si desean, incluyan ilustraciones de los personajes favoritos, un forro para la cubierta del libro, palabras nuevas que descubrieron en los libros, recortes de revistas viejas que tengan relación con los temas, o bien fotos de su niño leyendo uno o varios de los libros. Asegúrense de colocar el cartel en un lugar prominente para que todos lo vean.

Atentamente,

Winter Vacation Activities

Dear Parents,

Vacation time during the winter months usually centers around various holiday activities. Families are often busy with many different activities—visiting friends, shopping, exchanging gifts, and attending celebrations. Even though this is a very busy time of the year, it is also important for parents and children to plan some time to relax and share thoughts and books with each other. Make the holiday time a family reading time too. Help your child understand that reading is not only related to school activities, but is also a vital part of all family activities. Here are some ideas:

1. Take some time each day to have family discussions. Talk about favorite books read, memorable stories, or just "made-up" stories to share with each other. Holiday stories can be included.
2. Help your child make up a scrapbook of words that go with the holiday season. Ask your child to draw illustrations or use the words in different sentences.
3. Locate copies of songs or poems that relate to this time of year. Share these with your child and discuss what some of the words or ideas mean.
4. If you are preparing any special meals, give your child an opportunity to help you. He or she can read recipes to you or help in meal preparation.
5. With your child as a major character, encourage him or her to make up a special holiday story. Write or type the story for your child and share it with neighbors or friends.

READING "SPARKLER" OF THE WEEK: Make up special bingo cards by dividing a piece of paper into twenty-five squares. Print twenty-five words, one to a square, on the paper and the same words on separate index cards. Direct your child to turn over each card and match it with a word on the sheet. Buttons or beans can be used as markers. Tell your child to yell "Bingo" when five words in a row are matched. You and your child may wish to make up other bingo games using other lists of words.

Sincerely,

Actividades de vacaciones de invierno

Estimados padres de familia:

La época de las vacaciones de invierno generalmente se centra alrededor de varias actividades de las fiestas. Las familias por lo general están ocupadas con muchas actividades, como visitas a amigos, compras, intercambios de regalos y celebraciones. A pesar de que es una época del año muy ocupada, también es importante que padres e hijos planifiquen un tiempo para relajarse, intercambiar ideas y leer libros juntos. Conviertan la época de fiestas en una época de lectura también. Denle a entender a su hijo o hija que la lectura no sólo se relaciona con actividades escolares, sino también es una parte vital de todas las actividades familiares.

A continuación se dan algunas ideas:

1. Dediquen un tiempo todos los días para conversaciones familiares. Hablen sobre los libros favoritos que han leído, cuentos memorables, o bien simplemente relatos inventados para compartir unos con otros. También pueden incluirse cuentos sobre las fiestas.
2. Ayuden a su niño a hacer un álbum de recortes o palabras relacionadas con la temporada de fiestas. Pídanle que haga ilustraciones o que use las palabras en distintas oraciones.
3. Busquen copias de canciones o poemas relacionados con esta época del año. Compártanlos con su niño y hablen sobre el significado de algunas de las palabras.
4. Si van a preparar comidas especiales, denle al niño la oportunidad de ayudar, ya sea leyendo recetas o en la preparación de la comida.
5. Sugiéranle que invente un cuento especial de las fiestas, en el cual haga el papel del personaje principal. Escriban el cuento a mano o a máquina y muéstrenlo a vecinos o amigos.

"CHISPAZO" SEMANAL DE LECTURA: Hagan tarjetas especiales de bingo dividiendo una hoja de papel en veinticinco cuadrados. Escriban con letra de molde veinticinco palabras, una por cuadrado del papel y las mismas palabras en tarjetas separadas. Pida a su hijo o hija que dé vuelta a cada tarjeta y busque la pareja de la palabra en la hoja. Se pueden usar botones o frijoles como fichas. Indiquen al niño que grite "Bingo" cuando tenga cinco palabras en línea marcadas. Si desean, inventen otros juegos de bingo con su niño usando otras listas de palabras.

Atentamente,

FROM *LETTERS TO PARENTS IN READING*, PUBLISHED BY GOOD YEAR BOOKS. COPYRIGHT ©1998 GOOD YEAR BOOKS.

Spring Vacation Activities

Dear Parents,

Watching children grow and develop can be one of the most exciting parts of parenthood. Helping your child explore and learn more about himself or herself as well as about the world provides families with many sharing opportunities together. With the spring vacation time approaching, you and your child can take advantage of many new opportunities to work and learn together. Best of all, these times together can also be a valuable part of your child's reading development. Here are some suggestions:

1. Be sure to keep reading to your child. While vacations may be a short time away from school, it doesn't mean that reading should be forgotten. Keep the reading habit active.

2. If the weather permits, take a walk outside with your child. Try to discover any new plants or animals around your house or in your neighborhood. Get some books and read more about them.

3. Keep up the library habit too. Make sure the public library is on your list of family activities this vacation time.

4. Why not encourage your child to develop a new hobby or interest? What materials would you need? Where could you go to discover more information? A visit to a hobby or toy store may be your first stop.

5. Are there yard sales, garage sales, or community sales in your neighborhood? If so, take your child and look for some children's books. Often these can be obtained at a fraction of their original cost and can provide many hours of happy new discoveries for your child.

READING "SPARKLER" OF THE WEEK: Cut the top off of two pint-sized milk cartons. Force one carton inside the other. On squares of paper, write down six of your child's new or favorite words and paste each square on a side of this "die." Roll the die and ask your child to use the word that comes up in a sentence or story. Other cubes can be made with the names of favorite stories printed on them. When a story title comes up, ask your child to summarize the story for you.

Sincerely,

Actividades de vacaciones de primavera

Estimados padres de familia:

Ver crecer y madurar a los hijos puede ser uno de los aspectos más emocionantes de ser padres. Ayudar a un hijo a explorar y aprender más sobre sí mismo y sobre el mundo provee a las familias muchas oportunidades para hacer cosas juntos. A medida que se acercan las vacaciones de primavera, pueden aprovechar muchas y nuevas oportunidades de trabajar y aprender con su hijo o hija. Lo mejor de todo es que ese tiempo que comparten también puede ser algo valioso para el progreso en lectura de su hijo o hija. Aquí se dan algunas sugerencias:

1. Asegúrense de seguir leyéndole a su niño. A pesar de que las vacaciones son un corto tiempo fuera de la escuela, no significa que hay que olvidarse de leer. Mantengan activo el hábito de la lectura.
2. Si el estado del tiempo lo permite, salgan a dar un paseo a pie. Traten de descubrir cualquier planta o animal nuevo cerca de la casa o en el vecindario. Consigan algunos libros y lean algo sobre ellos.
3. Continúen el hábito de ir a la biblioteca. Asegúrense de que la biblioteca pública esté en la lista de las actividades familiares durante esta temporada de vacaciones.
4. ¿Por qué no animar a su niño a comenzar un nuevo pasatiempo o interés? ¿Qué materiales se necesitan? ¿Adónde pueden ir a buscar más información? Una visita a una tienda de pasatiempos o juegos es un buen lugar para empezar.
5. ¿Hay ventas especiales en los garajes, jardines u otros lugares en la comunidad o vecindario? De ser así, lleven a su niño y busquen libros infantiles. Muchas veces se obtienen a una fracción del costo original y pueden brindar muchas horas de felices y nuevos descubrimientos para su hijo o hija.

"CHISPAZO" SEMANAL DE LECTURA: Corten la parte superior de dos cajas de leche, tamaño pinta. Metan una caja dentro de la otra. En cuadrados de papel, escriban seis de las palabras favoritas de su hijo o hija y péguenlas en cada uno de los lados de este "dado". Echen a rodar el dado y pidan al niño que use la palabra que salga en una oración o un cuento. Se pueden hacer otros dados con los nombres de cuentos favoritos. Cuando el título del cuento salga, pídanle a su niño que resuma el cuento.

Atentamente,

FROM *LETTERS TO PARENTS IN READING*, PUBLISHED BY GOOD YEAR BOOKS. COPYRIGHT ©1998 GOOD YEAR BOOKS.

Summer Vacation Activities

Dear Parents,

Summer vacation is almost here and along with it come many opportunities for you and your child to share new discoveries in reading. While many children may see summer as a chance to be away from school, it is also a good time to help your child understand the value of reading in everything we do. There are a variety of summertime activities that you and your child can share together that will help reinforce the skills learned in the classroom as well as stimulate many positive experiences with reading. Here are some suggestions:

1. Keep reading with your child. Let your child know that summertime also means reading time.
2. Take trips to the library. Many libraries have special summer programs designed just for kids.
3. Provide your child with some quiet reading time. Set aside fifteen or twenty minutes each day for your child to relax and curl up with a good book.
4. For those occasional rainy days, have some reading games on hand. Games such as Scrabble®, Spill and Spell®, Boggle®, and Sentence Cubes® all emphasize reading skills.
5. When planning a trip, involve your child as much as possible. Encourage your child to read about the places to be visited, map out possible routes, or design a special scrapbook to record events.

READING "SPARKLER" OF THE WEEK: Obtain some pieces of colored construction paper and trace outlines of rocket ships, stars, or your child's favorite design on each. Cut these out and store in the family bookcase. Whenever your child completes a book this summer, print the title on one of these designs and post on the refrigerator (or other appropriate spot). Offer your child special awards when five, ten, or some other designated number of books have been completed.

Sincerely,

Actividades de vacaciones de verano

Estimados padres de familia:

Las vacaciones de verano se acercan y con ellas llegan muchas oportunidades para que en familia compartan nuevas experiencias de lectura. Aunque muchos niños ven el verano como una oportunidad de estar lejos de la escuela, también es un buen momento de darle a entender a su hijo o hija el valor de la lectura en todo lo que hacemos. Hay una variedad de actividades de verano para realizar en familia, que refuerzan las destrezas aprendidas en clase y que estimulan muchas experiencias positivas con la lectura. Aquí se dan algunas sugerencias:

1. Continúen leyendo con su hijo o hija. Háganle saber que el verano también significa tiempo para leer.
2. Vayan a la biblioteca. Muchas bibliotecas tienen programas especiales de verano diseñados sólo para niños.
3. Denle al niño un tiempo de lectura silenciosa. Aparten quince o veinte minutos todos los días para que el niño se relaje y se acomode con un buen libro.
4. Para los días lluviosos que hay de vez en cuando, tengan a mano algunos juegos de lectura. Entre esos juegos se encuentran Scrabble®, Spill and Spell®, Boggle® y Sentence Cubes®, los cuales enfatizan destrezas de lectura.
5. Al planificar un viaje, involucren a su niño lo más posible. Sugiéranle que lea acerca de los lugares que van a visitar, haga mapas de las posibles rutas o diseñe un álbum de recortes y recuerdos para anotar las actividades.

"CHISPAZO" SEMANAL DE LECTURA: Obtengan algunas hojas de cartulina de colores y dibujen el contorno de cohetes, estrellas o el diseño favorito de su hijo o hija en cada hoja. Recórtenlos y guárdenlos en los libreros familiares. Cada vez que termine de leer un libro en el verano, escriban el título del libro en uno de los diseños y pónganlo en el refrigerador (o en algún otro lugar apropiado). Ofrezcan a su hijo o hija premios especiales cuando termine de leer cinco, diez u otro número designado de libros.

Atentamente,

A. Family Reading Checkup

(Coincides with Letters 7, 8, 9)

The following suggestions give you an opportunity to examine your current family reading practices with an eye toward adding more positive reading practices to your family's schedule. Begin by placing a check before each true statement. Then place a star by one unchecked item that you and your family would like to try to do. In a month or so, recheck all true statements. Hopefully, the starred item will then become one of the ones that you can check.

Note: Check only those items that you do on a regular basis.

☐ 1. I read aloud to my child(ren).

☐ 2. I buy books for birthday and holiday gifts.

☐ 3. The family goes on brief trips beyond the neighborhood so that everyone is exposed to new experiences.

☐ 4. Family members make regular use of the library.

☐ 5. I praise my child(ren) for at least one improvement or accomplishment each day.

☐ 6. My child(ren) sees/see me reading for both pleasure and information from a variety of books, magazines, and newspapers.

☐ 7. My child(ren) knows/know that I take a positive interest in all of his/her/their school subjects.

☐ 8. I encourage my child(ren) to help select appropriate TV programs for family viewing.

☐ 9. I am an active and attentive listener and encourage my child(ren) to tell me about his/her/their daily experiences.

☐ 10. I make sure that my child(ren) is/are well-rested and has/have a good breakfast each day before school.

☐ 11. Our family plays word games and other learning activities.

☐ 12. My child(ren) has/have a dictionary that is appropriate for his/her/their age and ability.

☐ 13. My child(ren) has/have a bookcase or shelf in his/her/their room to keep and store personal books.

☐ 14. I encourage my child(ren) to write notes and letters and provide needed help when necessary.

☐ 15. I encourage my child(ren) to read for enjoyment every day.

A. Examen de la lectura familiar

(Coincide con las Cartas 7, 8, 9)

Las siguientes sugerencias les dan una oportunidad de examinar los hábitos de lectura que tiene la familia actualmente, con la idea de agregar más hábitos positivos de lectura al horario familiar. Comiencen por hacer una marca al lado de cada afirmación verdadera. Después hagan una estrella al lado de algo que no han marcado y que a la familia le gustaría hacer. En un mes más o menos, vuelvan a revisar todas las afirmaciones verdaderas. La esperanza es que para entonces lo que tiene una estrella pueda marcarse como algo ya hecho.

Nota: Marque sólo lo que hacen con regularidad.

- [ ] 1. Leo en voz alta a mi(s) hijo(s).
- [ ] 2. Compro libros para regalos de cumpleaños y fiestas.
- [ ] 3. La familia hace viajes cortos fuera del vecindario para que todos tengan nuevas experiencias.
- [ ] 4. Los miembros de la familia usan la biblioteca con regularidad.
- [ ] 5. Felicito a mi(s) hijo(s) por al menos una mejoría o logro cada día.
- [ ] 6. Mi(s) hijo(s) me ve(n) leer, tanto por placer como por información, una variedad de libros, revistas y periódicos.
- [ ] 7. Mi(s) hijo(s) saben(n) que me intereso en forma positiva en todas sus materias escolares.
- [ ] 8. Animo a mi(s) hijo(s) a que ayuden a escoger programas de televisión apropiados para la familia.
- [ ] 9. Escucho con atención y animo a mi(s) hijo(s) a que me cuente(n) sus experiencias diarias.
- [ ] 10. Me aseguro de que mi(s) hijo(s) descansen bien y coman un buen desayuno todos los días antes de ir a la escuela.
- [ ] 11. Nuestra familia juega juegos de palabras y realiza otras actividades de aprendizaje.
- [ ] 12. Mi(s) hijo(s) tiene(n) un diccionario apropiado para su edad y habilidad.
- [ ] 13. Mi(s) hijo(s) tiene(n) un librero o repisa en su cuarto para sus libros personales.
- [ ] 14. Animo a mi(s) hijo(s) a escribir notas y cartas, y le(s) doy ayuda cuando la necesitan.
- [ ] 15. Animo a mi(s) hijo(s) a que lean por placer todos los días.

FROM *LETTERS TO PARENTS IN READING*, PUBLISHED BY GOOD YEAR BOOKS. COPYRIGHT ©1998 GOOD YEAR BOOKS.

B. Book-Sharing Questions

(Coincides with Letters 14, 15, 16)

In addition to the *who, what, where, when,* and *why* questions that can be asked about a story, you may want to select one or two of the following questions each time that you and your child share a book together.

- ☐ 1. If you were in the story, how would you feel?
- ☐ 2. If you were the author, how would you change the story?
- ☐ 3. If you were the main character, what would you do at the end of the story?
- ☐ 4. Was there anything special that you liked or did not like about the story? Tell me about it.
- ☐ 5. How would the story be different if the main character were someone else?
- ☐ 6. How would the story change if it took place where we live?
- ☐ 7. What other events could happen with the same character?
- ☐ 8. How would you act toward the main character if he/she were one of your friends?

B. Preguntas para hablar sobre libros

(Coincide con las Cartas 14, 15, 16)

Además de las preguntas que se hacen sobre un cuento con las palabras *quién, qué, dónde* y *por qué*, seleccionen una o dos de las siguientes preguntas cada vez que lean un libro con su hijo o hija.

☐ 1. Si tú estuvieras en el cuento, ¿cómo te sentirías?

☐ 2. Si fueras el autor o la autora, ¿cómo cambiarías el cuento?

☐ 3. Si fueras el personaje principal, ¿qué harías al final del cuento?

☐ 4. ¿Hubo algo especial que te gustó o que no te gustó del cuento? Explícame.

☐ 5. ¿Qué sería diferente en el cuento si el personaje principal fuera otra persona?

☐ 6. ¿Cómo cambiaría el cuento si ocurriera donde vivimos?

☐ 7. ¿Qué otros hechos podrían ocurrir con el mismo personaje?

☐ 8. ¿Cómo actuarías en relación al personaje principal si él/ella fuera uno de tus amigos?

C. Interest Inventory

(Coincides with Letter 12)

Use this inventory to discover the kinds of things that your child(ren) would like to read. Either explain each appropriate item to a younger child and check his or her responses or let your child(ren) read each item and check those that he or she finds interesting. This process will assist you in determining stimulating reading material for your child(ren).

- ☐ 1. adventure
- ☐ 2. animals
- ☐ 3. antiques
- ☐ 4. art/music/dance
- ☐ 5. awards
- ☐ 6. careers
- ☐ 7. cars/motorcycles
- ☐ 8. cooking/food
- ☐ 9. exercise/health
- ☐ 10. famous people
- ☐ 11. fashion
- ☐ 12. foreign lands
- ☐ 13. games
- ☐ 14. houseplants
- ☐ 15. human body
- ☐ 16. insects
- ☐ 17. make-believe
- ☐ 18. miniatures/models
- ☐ 19. mysteries
- ☐ 20. old coins
- ☐ 21. painting/drawing
- ☐ 22. romance/love
- ☐ 23. self-defense
- ☐ 24. sewing/embroidery
- ☐ 25. science fiction
- ☐ 26. space
- ☐ 27. sports
- ☐ 28. stamps
- ☐ 29. trivia
- ☐ 30. world events

C. Inventario de intereses

(Coincide con la Carta 12)

Con este inventario, descubran las clases de cosas que a su(s) hijo(s) le(s) gustaría leer. Expliquen cada cosa a un niño pequeño y marquen su respuesta, o bien, deje que su(s) hijo(s) lean y marquen lo que le(s) parece interesante. Este proceso les ayudará a identificar materiales de lectura estimulantes para su(s) hijo(s).

- [ ] 1. aventura
- [ ] 2. animales
- [ ] 3. antigüedades
- [ ] 4. arte/música/baile
- [ ] 5. autodefensa
- [ ] 6. carreras/profesiones
- [ ] 7. carros/motocicletas
- [ ] 8. ciencia ficción
- [ ] 9. cocina/comida
- [ ] 10. costura/bordado
- [ ] 11. cuerpo humano
- [ ] 12. deportes
- [ ] 13. ejercicios/salud
- [ ] 14. espacio
- [ ] 15. estampillas
- [ ] 16. fantasía
- [ ] 17. insectos
- [ ] 18. juegos
- [ ] 19. miniaturas/modelos
- [ ] 20. misterios
- [ ] 21. modas
- [ ] 22. monedas antiguas
- [ ] 23. personas famosas
- [ ] 24. pintura/dibujo
- [ ] 25. plantas para interiores
- [ ] 26. premios
- [ ] 27. romance/amor
- [ ] 28. sucesos internacionales
- [ ] 29. tierras extranjeras
- [ ] 30. trivialidades

D. Lots of Things to Read

(Coincides with Letters 5, 25)

Books, magazines, and newspapers only scratch the surface of available reading materials for your children. The following list of other things to read was compiled from many sources, including children.

signs	place mats	trademarks	calendars
airplanes	birthday cakes	globes	coupons
bottles	shower curtains	game directions	street names
shirts	price tags	toothpaste tubes	decals
door handles	timetables	brochures	cue cards
money	itineraries	fortune cookies	napkins
billboards	kit instructions	sugar packets	restrooms
trucks	food labels	historical signs	erasers
watches	buildings	engravings	bills
fire exits	name tags	legal documents	recipes
toys	paint cans	vending machines	marquees
stickers	locks	postmarks	cups
bottle caps	candy wrappers	postcards	plaques
stairs	buses	paintings	calculators
pajamas	pictures	pencils/pens	
book covers	baseball bats	doors	
letters	elevators	light bulbs	
magnets	menus	tennis shoes	
wallets	wrist bands	fire alarms	
appliances	silverware	toothbrushes	
computers	crayons	boxes	
license plates	sheets	flags	
tickets	ties	programs	
Band-aids®	envelopes	tires	
cartons	record albums	belts	
medicine labels	jewelry	glasses	
patches	poems	shoe boxes	
credit cards	tombstones	tattoos	
packages	bags	underwear	
maps	tools	stamps	
schedules	checks	posters	
scoreboards	ads	decorations	
grocery lists	mailboxes	songs	
catalogs	bumper stickers	light switches	
aisle markers	buttons	lawn mowers	

D. Muchas cosas que leer

(Coincide con las Cartas 5, 25)

Los libros, las revistas y los periódicos sólo son una pequeña muestra de los materiales de lectura que están disponibles a los niños. La siguiente lista de otras cosas que leer se recopiló de muchas fuentes, incluso niños.

rótulos
aviones
botellas
camisas
manecillas de puerta
dinero
carteleras
camiones
relojes
salidas de incendio
juguetes
calcomanías
tapas de botella
escaleras
pijamas
cubiertas de libro
cartas
imanes
billeteras
aparatos
computadoras
placas de carro
boletos
curitas adhesivas
cartones
etiquetas de medicinas
parches
tarjetas de crédito
paquetes
mapas
horarios
marcadores de estadios
listas de compras
catálogos
identificación de asientos

manteles individuales
pasteles de cumpleaños
cortinas de baño
etiquetas de precio
cronologías
itinerarios
instrucciones de estuche
etiquetas de alimentos
edificios
gafetes
botes de pintura
candados
envolturas de dulces
autobuses
dibujos
bates de béisbol
elevadores
menúes
bandas de muñeca
cubiertos
crayones
sábanas
corbatas
sobres
discos de música
joyas
poemas
tumbas
bolsas
herramientas
cheques
anuncios
buzones
calcomanías de carros
botones

marcas registradas
globos terráqueos
instrucciones de juegos
tubos de pasta de dientes
folletos
galletas de fortuna
bolsitas de azúcar
rótulos históricos
documentos legales
máquinas vendedoras
franqueo
tarjetas postales
lápices/bolígrafos
alarmas de incendio
cepillos de dientes
interruptores de luz
cortadoras de césped
cajas de zapatos
focos de luz
zapatos tenis
ropa interior
estampillas
decoraciones
pinturas
programas
grabados
banderas
carteles
cajas
llantas
puertas
anteojos
cinturones
tazas
tatuajes

canciones
calendarios
cupones
nombres de calles
tarjetas de apuntes
servilletas
baños
borradores
billetes
recetas
marquesinas
placas
calculadoras

FROM *LETTERS TO PARENTS IN READING*, PUBLISHED BY GOOD YEAR BOOKS. COPYRIGHT ©1998 GOOD YEAR BOOKS.

E. Words of Encouragement

(Coincides with Letters 9, 10)

Try these different ways to say that you are a proud parent. Let your child know that you are proud of his or her efforts.

That's really nice.
Wow!
That's great.
I like the way you did this.
Keep up the good work.
That's quite an improvement.
Much better.
Good job.
This kind of work pleases me.
Terrific.
Beautiful.
Congratulations.
You only missed a few.
Thanks for working so hard.
It looks like you put a lot of effort into this work.
Look how much better your (spelling, writing) looks.
Very creative.
Tell me how you did this.
I'm impressed.
Good answers.
Tell me how you chose your answer.
Thank you for bringing home this good paper.
Good for you.
Now you've got the idea.
Exactly right.
Wonderful work.
That's a good point.
Nice going.
Let's hang this paper up.
Let's save this paper in a folder.
My, you have improved.
Let's send this to Grandma/pa.
Your work looks better every day.
I'm really proud of you for trying so hard.

E. Palabras de aliento

(Coincide con las Cartas 9, 10)

Utilice las siguientes maneras de decir que se siente orgulloso(a) de su hijo o hija. Hágale saber que lo felicita por sus esfuerzos.

Eso está muy bonito.

¡Qué bien!

Eso está excelente.

Me gusta cómo lo hiciste.

Sigue trabajando así.

Has mejorado mucho.

Mucho mejor.

Buen trabajo.

Este tipo de trabajo me agrada.

Magnífico.

Bello.

Felicitaciones.

Sólo te equivocaste pocas veces.

Gracias por esforzarte tanto.

Parece que te esforzaste mucho en este trabajo.

Mira cómo ha mejorado tu (ortografía, escritura).

Muy creativo.

Dime cómo lo hiciste.

Me has impresionado.

Qué buenas respuestas.

Dime cómo escogiste tu respuesta.

Gracias por traer tan buen trabajo a casa.

Bien hecho.

Ahora ya entiendes.

Correcto sin lugar a dudas.

Trabajo extraordinario.

Eso es un buen punto.

Vas bien.

Colguemos este papel.

Guardemos este papel en una carpeta.

Mira, has mejorado.

Enviemos esto a la(al) abuela(o).

Tu trabajo está mejor cada día.

Estoy muy orgulloso(a) de ti por esforzarte tanto.

F. Magazines for Children

(Coincides with Letter 28)

A whole new world opens up to youngsters whose parents encourage them to subscribe to a children's magazine. The following list of such magazines include some children's favorites. Check with your librarian for current prices.

Child Life is a monthly magazine during the school year and bi-monthly during the summer. It is a mystery and science-fiction magazine for ages 7–14.

    Saturday Evening Post Company
    1100 Waterway Blvd.
    Indianapolis, IN 46202

Children's Digest is published monthly except in June and August. It contains old and new fiction, classic and contemporary authors, articles on science and history, book reviews, and activity pages. It is for ages 7–12.

    Parents Magazine Enterprises, Inc.
    42 Vanderbilt Ave.
    New York, NY 10017

Children's Playmate is published monthly during the school year and bi-monthly in the summer. It includes articles, fiction, activity pages, and reader contributions for ages 3–8.

    Saturday Evening Post Company
    1100 Waterway Blvd.
    Indianapolis, IN 46202

Cricket is a monthly literature magazine for ages 6–12. It includes stories, articles, and poems by internationally known writers, as well as activity pages, crafts, and reader contributions.

    Open Court Publishing Company
    Box 599
    LaSalle, IL 61301

Highlights for Children is published eleven times a year. It is geared toward fostering creativity in children ages 3–12. It includes biographies, elementary social studies, literature, and science material as well as activity pages.

    Highlights for Children, Inc.
    2300 West Fifth Ave.
    Columbus, OH 43215

Humpty Dumpty's Magazine is a monthly magazine for ages 3–7. It contains stories and features that entertain as well as develop vocabulary and reading skills.

    Parents Magazine Enterprises, Inc.
    52 Vanderbilt Ave.
    New York, NY 10017

Jack and Jill is a monthly magazine for ages 5–12. It contains a variety of stories and articles on different reading levels as well as activities and crafts.

    Jack and Jill Publishing Company
    1100 Waterway Blvd.
    Indianapolis, IN 46202

FROM *LETTERS TO PARENTS IN READING*, PUBLISHED BY GOOD YEAR BOOKS. COPYRIGHT ©1998 GOOD YEAR BOOKS.

F. Revistas infantiles

(Coincide con la Carta 28)

Un mundo completamente nuevo aparece frente a los niños cuyos padres los animan a suscribirse a una revista infantil. La siguiente lista de tales revistas contiene algunas favoritas de los niños. Pregunte a un bibliotecario cuáles son los precios actuales.

Chispa es una revista mensual en español para edades de 9 a 12. Es una revista sobre ciencias y la naturaleza. Contiene artículos, biografías y páginas de actividades.

> Innovación y Comunicación S. A. de C. V.
> Tlacopac 6, Col. Campestre, C. P. 01040
> México, D. F., 662-60-46

Child Life es una revista mensual durante el año escolar y bimensual durante el verano. Es una revista de misterios y ciencia ficción para las edades de 7 a 14 años.

> Saturday Evening Post Company
> 1100 Waterway Blvd.
> Indianapolis, IN 46202

Children's Digest se publica mensualmente excepto en junio y agosto. Contiene ficción antigua y actual, autores clásicos y contemporáneos, artículos de ciencias e historia, comentarios de libros y páginas de actividades. Es para las edades de 7 a 12.

> Parents Magazine Enterprises, Inc.
> 42 Vanderbilt Ave.
> New York, NY 10017

Children's Playmate se publica mensualmente durante el año escolar y bimensualmente en el verano. Contiene artículos, ficción, páginas de actividades y contribuciones de lectores para edades de 3 a 8.

> Saturday Evening Post Company
> 1100 Waterway Blvd.
> Indianapolis, IN 46202

Cricket es una revista literaria mensual para edades de 6 a 12. Contiene cuentos, artículos y poemas de escritores conocidos internacionalmente así como también páginas de actividades, manualidades y contribuciones de lectores.

> Open Court Publishing Company
> Box 599
> LaSalle, IL 61301

Highlights for Children se publica once veces al año. Se enfoca a promover la creatividad en los niños de edades de 3 a 12. Contiene biografías, estudios sociales a nivel primario, literatura, material de ciencias y páginas de actividades.

> Highlights for Children, Inc.
> 2300 West Fifth Ave.
> Columbus, OH 43215

Humpty Dumpty's Magazine es una revista mensual para edades de 3 a 7. Contiene cuentos y secciones que divierten y desarrollan vocabulario y destrezas de lectura.

> Parents Magazine Enterprises, Inc.
> 52 Vanderbilt Ave.
> New York, NY 10017

Jack and Jill es una revista mensual para edades de 5 a 12. Contiene una variedad de cuentos y artículos de diferentes niveles de lectura así como también actividades y manualidades.

> Jack and Jill Publishing Company
> 1100 Waterway Blvd.
> Indianapolis, IN 46202

G. Listening Checklist

(Coincides with Letters 17, 18, 19)

Each member of the family will find this checklist useful. Check the most appropriate response for each question. Try it again in a month to see if your listening has improved.

	Never	Sometimes	Always
1. Do I look directly at the speaker?	☐	☐	☐
2. If the speaker is close to me, do I look him/her directly in the eyes?	☐	☐	☐
3. Do I concentrate on the speaker instead of waiting for my turn to speak?	☐	☐	☐
4. Do I avoid interrupting the speaker at mid-thought?	☐	☐	☐
5. Am I able to follow verbal directions the first time?	☐	☐	☐
6. Do I listen courteously to children as well as adults?	☐	☐	☐

G. Lista de hábitos de escuchar

(Coincide con las Cartas 17, 18, 19)

Todo miembro de la familia verá lo útil que es esta lista. Marque la respuesta más adecuada a cada pregunta. Trátela de nuevo en un mes para ver si ha mejorado en sus hábitos de escuchar.

	Nunca	A veces	Siempre
1. ¿Miro directamante a quien habla?	☐	☐	☐
2. Si la persona que habla está cerca, ¿la miro directamente a los ojos?	☐	☐	☐
3. ¿Me concentro en la persona que habla en vez de esperar mi turno de hablar?	☐	☐	☐
4. ¿Evito interrumpir a la persona que habla cuando sólo va por la mitad de su idea?	☐	☐	☐
5. ¿Puedo seguir instrucciones verbales la primera vez?	☐	☐	☐
6. ¿Escucho cortésmente a los niños tanto como a los adultos?	☐	☐	☐

H. Reading with Your Child: Five Easy Steps

(Coincides with Letters 3, 4)

1. **Select a book.** Either have your child select his or her own book or you select one based on a topic that you know will be interesting to the child. (Don't guess. Ask your child!)
   a. If the book is much too easy, let your child tape-record parts of it to build fluency and confidence.
   b. If your child is a reluctant reader, alternate reading sentences or paragraphs with him or her.
   c. If the book is much too difficult, you read it aloud and let your child talk about the pictures or summarize sections that you read.
2. **Have your child read aloud.** Sometimes just part of a story is sufficient. Allow the child to choose the part with the "action" or one with a good description, etc.
   a. Have him or her read to you, your spouse, younger brothers and sisters, the neighbors, even to pets.
   b. Try sending a taped read-along story to grandparents or a favorite relative or friend.
   c. Just be a good listener as your child reads. Try to comment positively on just part of the story to let your child know that you were paying attention.
3. **Simply tell your child any unknown words he or she encounters.** Stopping to use a dictionary will interrupt the thread of the story especially if he or she is usually reluctant to read.
   a. Later on, you might go back to the word and demonstrate that using the other words in the sentence plus the first letter of the word can give him or her a good clue.
   b. At all costs, refrain from making negative comments about how easy the word was or that he or she should have known it, etc.
4. **Discuss the story.** Try to make both reading the story and discussing it enjoyable experiences.
   a. Try not to ask too many questions!
   b. Ask some questions that require more than just a "yes" or "no" answer.
   c. Include opinion questions as a way to spark creativity.
      Sample: "How would you change the ending?"
5. **Praise your child.** Reading should be enjoyable for both of you. Sometimes a sincere "thank you for reading to me" along with a smile or a hug will be the best praise for the situation.
   a. Find ways to praise honestly and sincerely.
   b. Praise improvement as well as good performance
   c. Try praising your child for being attentive, using expression, using correct pronunciation, or for selecting an interesting story.

H. Leer con sus niños: Cinco pasos fáciles

(Coincide con las Cartas 3, 4)

1. **Escojan un libro.** Pidan a su hijo o hija que escoja un libro o escojan uno de un tema que saben que le interesa. (No adivinen. ¡Pregúntenle!)
   a. Si el libro es demasiado fácil, dejen que el niño grabe partes en casete para desarrollar fluidez y confianza.
   b. Si su niño es reacio a la lectura, lean oraciones o párrafos por turnos.
   c. Si el libro es demasiado difícil, léanle al niño en voz alta y pídanle que hable sobre los dibujos o que resuma secciones ya leídas.

2. **Pidan a su hijo o hija que lea en voz alta.** A veces basta con una parte del cuento. Dejen que el niño escoja la parte de la "acción" o una con una buena descripción, etc.
   a. Pídanle que le lea a uno de los padres, hermanos o hermanas menores, vecinos o incluso a mascotas.
   b. Traten de mandar un cuento grabado para acompañar la lectura a los abuelos, un pariente cercano o amigos.
   c. Mientras su niño lee, sepan escuchar. Traten de hacer comentarios positivos en sólo partes del cuento para hacerle saber que prestaban atención.

3. **Díganle cualquier palabra desconocida que encuentre.** Usar el diccionario interrumpirá el hilo del cuento, especialmente si por lo general su niño es reacio a la lectura.
   a. Después, regresen a la palabra y demuestren que fijarse en las demás palabras de la oración y la primera letra de la palabra les da una buena clave.
   b. Eviten siempre hacer comentarios negativos indicando que una palabra era fácil o que debería saberla, etc.

4. **Hablen sobre el cuento.** Traten de que tanto la lectura del cuento como la conversación sobre él sean experiencias agradables.
   a. ¡Traten de no hacer demasiadas preguntas!
   b. Hagan algunas preguntas que requieran más de un "sí" o "no" como respuesta.
   c. Pidan opiniones como una manera de estimular la creatividad.
   Ejemplo: "¿Cómo cambiarías el final?"

5. **Elogien a su hijo o hija.** La lectura debe ser agradable para ustedes y el niño. A veces decir "gracias por leer" y dar una sonrisa o un abrazo son la mejor forma de elogiar.
   a. Busquen maneras de elogiar honesta y sinceramente.
   b. Elogien mejoría tanto como una buena ejecución.
   c. Traten de elogiar al niño por prestar atención, usar expresión, usar pronunciación correcta o seleccionar un cuento interesante.

I. Using Games

(Coincides with Letters 20, 21, 22)

Reinforcement is necessary to insure that learning takes place. Games provide a pleasant atmosphere for children to enjoy themselves and practice reading skills at the same time. Competition should be geared to self-improvement goals rather than to determining a winner.

Sight Vocabulary

Sight word games are quite popular. Sight words are words that your child recognizes instantly without analysis. The larger the store of sight words, the more quickly and fluently a child is able to read. Words for sight word games can be taken from papers your child brings home from school, from household items, from schoolbooks, or from teacher-made lists. Try some of these games:

1. **Fish Pond.** Write words on cards cut in the shape of a fish. Attach a paper clip to the mouth of each "fish." Use a small magnet tied to a string to "fish" words out of a bowl. Have your child say the word he or she "catches."

2. **Hide the Word.** Write words on several word cards. Place the cards face up on the floor or table. Have your child study the words for about thirty seconds and then cover his or her eyes. Remove one card. Have your child determine the missing word.

3. **Save Pack.** Print the words on word cards and quickly flash the cards to your child. If he or she misses a word, it is put in a "save pack." After he or she has studied the words in the "save pack," he or she plays the game again. The goal is to have an empty "save pack."

4. **Spin the Platter.** Use a large paper plate or a piece of cardboard from the pizza parlor. Attach an arrow with a brass paper fastener to the center of the circle. Print words in pencil around the edge of the circle. Have your child spin the arrow and identify the word it touches. If correct, your child gets a point.

5. **Clue Words.** Print some words on word cards. Put them face up on the floor or on a table. The first player gives a clue about one of the words, such as it begins the same way that *dog* does. If the next player guesses the word correctly, it is his or her turn to give the next clue. If the next player cannot guess correctly, another player tries his or her skill.

Other Skills: Educational games can reinforce phonetic analysis, structural analysis, vocabulary, and comprehension skills. The particular format shown on p. 109, for instance, can be adapted to any category and thus reinforce many skills.

I. Uso de juegos

(Coincide con las Cartas 20, 21, 22)

El refuerzo es necesario para asegurar que el aprendizaje se lleve a cabo. Los juegos proveen una atmósfera agradable para que los niños se diviertan y practiquen destrezas de lectura al mismo tiempo. La competencia debe dirigirse hacia metas de autosuperación en vez de hacia la forma de tener un ganador.

Vocabulario visual

Los juegos de vocabulario visual son muy populares. El vocabulario visual consiste en palabras que el niño reconoce instantáneamente sin análisis. Cuanto mayor sea el vocabulario visual, mayor será la rapidez y fluidez que tendrá el niño al leer. Las palabras para los juegos pueden tomarse de los trabajos que su niño traiga a casa, de objetos de la casa, de libros escolares o de listas hechas por los maestros. Intente algunos de estos juegos:

1. **Laguna de peces.** Escriba palabras en tarjetas en forma de pez. Ponga un sujetapapeles en la boca de cada pez. Con un imán amarrado a un cordel, se "pescan" las palabras de un recipiente. Su niño debe decir la palabra que "pesque".
2. **Palabra escondida.** Escriba palabras en varias tarjetas. Ponga las tarjetas boca arriba en el suelo o la mesa. Su niño debe estudiar las palabras durante treinta segundos. Luego cúbrale los ojos y quite una tarjeta. El niño debe decir qué palabra hace falta.
3. **Baraja guardada.** Escriba las palabras en tarjetas y muéstreselas rápidamaente a su niño. Si se equivoca en una palabra, ésta se pone en una "baraja guardada". Después de que el niño ha estudiado las palabras de la "baraja guardada", se juega otra vez. La meta es tener una "baraja guardada" vacía.
4. **Gira el plato.** Se usa un plato de cartón grande o un pedazo de cartón de la pizzería. Ajuste una flecha con un sujetapapeles de latón en el centro del círculo. Escriba palabras con lápiz alrededor del borde del círculo. El niño debe girar la flecha e identificar la palabra que toca. Si acierta, recibe un punto.
5. **Pistas.** Escriba algunas palabras en tarjetas y póngalas en el suelo o una mesa. El primer jugador da una pista acerca de una de las palabras, como "comienza igual que *perro*". Si el siguiente jugador adivina la palabra correctamente, es su turno de dar la siguiente pista. Si el siguiente jugador se equivoca, otro jugador hace el intento.

Otras destrezas: Hay juegos educacionales que refuerzan destrezas de análisis fonético, análisis estructural, vocabulario y comprensión. El formato que sigue, p. 110, por ejemplo, puede adaptarse a cualquier categoría y así reforzar muchas destrezas.

Try Your Skill: On the left side of the box, list some letters of the alphabet. Across the top, list your categories. For example, if you are interested in reinforcing some vocabulary, you might use the following letters and categories.

TRY YOUR SKILL/VOCABULARY			
	homonyms	antonyms	synonyms
r	right, write	right, wrong	right, correct
s	so, sew	sad, happy	see, look
t	to, two, too	top, bottom	tip, edge
h	here, hear	hot, cold	help, aid

Another example: phonetic analysis

TRY YOUR SKILL/LONG VOWEL SOUNDS					
	a	e	i	o	u
t	tape	team	tie	toe	tube
r	rate	real	rise	rose	rule
m	make	meet	mile	most	mule
p	pace	peel	pile	pole	pew*

*Remember that the skill was vowel sounds, not vowel letters!

Try Your Skill can be used to study for social studies, science, and math. All you need to do is choose the categories that fit the need.

Prueba tu destreza: En el lado izquierdo del cuadro, escriba algunas letras del alfabeto. En la parte superior, escriba las categorías. Por ejemplo, si le interesa reforzar algún vocabulario, puede usar las letras y categorías siguientes.

	Homónimos	Antónimos	Sinónimos
a	ay, hay	alto, bajo	aro, anillo
b	bote, vote	bueno, malo	bonito, lindo
c	casa, caza	caliente, frío	cojín, almohadón
v	ves, vez	vivo, muerto	viejo, antiguo

Prueba tu destreza/Vocabulario

Otro ejemplo: Análisis fonético

	a	e	i	o	u
c	–	cera	cinta	–	–
g	gallo	guerra	guinda	gorro	guante
r	aro	era	iremos	oro	Uribe

Prueba tu destreza/Sonidos suaves

El juego Prueba tu destreza puede usarse para estudiar ciencias, estudios sociales y matemáticas. Todo lo que hay que hacer es escoger las categorías que corresponden a la necesidad.

FROM *LETTERS TO PARENTS IN READING*, PUBLISHED BY GOOD YEAR BOOKS. COPYRIGHT ©1998 GOOD YEAR BOOKS.

J. Travel Games

(Coincides with Letter 40)

Traveling with children sometimes becomes a problem. Occupying them so that they are less aware of the change in schedule often makes getting to and from the destination more enjoyable for all. Try some of these games on the next trip you take:

1. **I'm Going to Mary's.** The first person begins by saying, "I'm going to Mary's and I'm taking some milk." The next player repeats that sentence replacing "milk" with another word that begins with *m*. Older children might repeat "milk" and then add another word beginning with *m*. Continue until no one can think of another word. Then work with another consonant.

2. **Magic Word.** Before the trip, everyone agrees on the magic word. During the trip as people are talking, everyone listens for the "magic word." The first one to raise his or her hand when the word is heard gets a point. At the end of the trip, give a treat to the person with the most points.

3. **License Plate Identification.** This game has a variety of options. Use whichever appeals to your child.
   a. Write the first ten license plate letters you see. See who can alphabetize the list correctly.
   b. Have a list of states for each person. See who can identify the most out-of-town license plates on a trip. Reuse the same lists to see who can find plates for all the states.
   c. Have everyone write the first two license plates that have numbers on them. Rearrange them quickly and then add, subtract, multiply, or divide them.

4. **Buying Game.** One person begins by saying, "I'm going to (place beginning with an *a*) to buy (an item beginning with an *a*)." The second person repeats the sentence and adds a place and item with a *b*. See if the family can get all the way to *z*. Help younger children by working in pairs.

5. **Diary.** Have your child keep a diary of dates and places visited.

6. **Following Routes.** As you travel, let your child follow the route on the map and help direct the driver to the final destination.

7. **I See Something.** Begin by saying, "I see something that begins with a *b*." Whoever identifies the object as a "barn" or "bottle," etc., thinks up the next riddle. Vary the clues to include rhyming words, word meaning, etc.

8. **Categories.** Have your child classify objects and activities. Have him or her name all the fruits or vegetables he or she can, then furniture, animals, toys, etc. Then move to school activities, sports, quiet games, etc.

9. **Storytelling.** Have one person tell another a favorite story.

J. Juegos para viajes

(Coincide con la Carta 40)

Viajar con niños a veces resulta problemático. Ocuparlos para que no perciban tanto el cambio de horario por lo general hace más agradable el trayecto de ida y vuelta para todos. Ponga en práctica algunos de estos juegos en su próximo viaje:

1. **Voy a casa de María.** El primer jugador comienza diciendo: "Voy a casa de María y llevo mangos. El siguiente jugador repite la oración remplazando "mango" con otra palabra que comience con *m*. Los niños mayores pueden repetir "mango" y luego agregar otra palabra que comience con *m*. Continúen hasta que a nadie se le ocurra otra palabra. Después jueguen con otra consonante.

2. **Palabra mágica.** Antes del viaje, todos se ponen de acuerdo en una palabra mágica. Al hablar durante el viaje, todos están atentos para identificar la palabra mágica. El primero que levante la mano cuando se menciona la palabra gana un punto. Al final del viaje, denle un premio a quien tenga más puntos.

3. **Placas de carros.** Este juego tiene varias opciones. Usen la que le guste a los niños.
   a. Escriban las primeras diez placas de carros que vean. Hay que hacer una lista en orden alfabético.
   b. Escriban una lista de estados para cada persona. Hay que ver quién identifica más placas de otros estados en el viaje. Vuelvan a usar la lista para ver quién ve placas de todos los estados.
   c. Todos escriben las primeras dos placas que tengan números. Se ordenan rápidamente y luego se suman, restan, multiplican y dividen.

4. **Juego de compras.** Una persona comienza diciendo "Voy a (lugar que empiece con *a*) a comprar (objeto que empiece con *a*)". La segunda persona repite la oración y agrega un lugar y un objeto con *b*. A ver si la familia puede llegar hasta la *z*. A los niños pequeños se les puede ayudar dándoles pareja.

5. **Diario.** Pidan a su hijo o hija que escriba un diario de las fechas y los lugares que visitan.

6. **Seguir las rutas.** A medida que viajan, dejen que su niño siga la ruta en el mapa y ayude a dar instrucciones a quien maneja hasta llegar al lugar de destino.

7. **Veo algo.** Comience diciendo "Veo algo que empieza con *b*". Quien identifique el objeto, como "botella", inventa la siguiente adivinanza. Varíen las pistas para incluir palabras que riman, significado de palabras, etc.

8. **Categorías.** Pidan a su niño que clasifique objetos y actividades. Pídanle que nombre todas las frutas o vegetales que pueda, luego muebles, animales, juguetes, etc. Después sigan con actividades escolares, deportes, juegos de mesa, etc.

9. **Contar cuentos.** Una persona le cuenta a otra su cuento favorito.

FROM *LETTERS TO PARENTS IN READING*, PUBLISHED BY GOOD YEAR BOOKS. COPYRIGHT ©1998 GOOD YEAR BOOKS.

K. Comprehension Tips

(Coincides with Letters 14, 15, 16)

The following procedure is designed to help your child become more actively involved in the stories he or she reads. Once children are actively involved, they can understand or comprehend more of what they read. You can encourage your child to become an active reader at home by following these steps:

1. Ask your child to choose an interesting book or story. Have some paper and a pencil to write questions.
2. Have your child read the title of the story or book. Ask your child to think of questions that he or she would like to ask about the title. Write those on the paper.
3. Have your child look through the pictures and illustrations and ask questions about them. Write those on the paper.
4. Have your child read the story silently or listen to you read it aloud. Ask your child to stop you every so often to ask more questions to add to the list.
5. As you or your child continues the story, remind him or her to be alert for the answers to the questions as the story continues.
6. After the story is complete, discuss the questions and answers together. Go back to the story to find answers that cannot be remembered.
7. Talk about any questions that could not be answered.
8. Follow-up the story with a creative question of your own such as: "What would have happened if…?" or "Why do you think…?"

K. Consejos de comprensión

(Coincide con las Cartas 14, 15, 16)

El procedimiento que sigue está diseñado para ayudar al niño a participar más activamente en los cuentos que lee. Una vez que los niños participan activamente, comprenden mejor lo que leen. Animen a su hijo o hija a leer de una manera activa en casa siguiendo estos pasos:

1. Pidan a su hijo o hija que escoja un libro o cuento interesante. Tengan a mano papel y lápiz para escribir preguntas.
2. Pídanle que lea el título del libro o cuento. Sugiéranle que piense en preguntas que le gustaría hacer acerca del título. Escríbanlas en el papel.
3. Pídanle que mire las ilustraciones o fotos y haga preguntas acerca de ellas. Escríbanlas en el papel.
4. Pídanle que lea el cuento en silencio o que escuche mientras se lo leen en voz alta. Sugiéranle que los haga parar cada poco para hacer más preguntas y agregarlas a la lista.
5. A medida que el niño o uno de ustedes continúa el cuento, recuérdenle que esté alerta a las respuestas de las preguntas.
6. Después de terminar el cuento, vuelvan a las preguntas y contéstenlas juntos. Si no recuerdan algunas respuestas, búsquenlas en el cuento.
7. Hablen acerca de cualquier pregunta que no pudieron contestar.
8. Terminen con preguntas creativas propias, como "¿Qué hubiera pasado si…?" o "¿Por qué crees que…?"

L. Suggestions for Improving Comprehension

(Coincides with Letters 14, 15, 16)

1. Help your child set a purpose for reading by asking a question before reading the selection.

2. After reading, have your child summarize the important ideas either verbally or in writing. Discuss why some ideas are included while others are not.

3. After reading, ask your child to write a main idea statement or a new title for the story. Then write at least three supporting details.

4. Use the **SQ3R Method** to read or study factual material.
   a. **S**urvey: read only the headlines, captions, and summaries.
   b. **Q**uestion: ask *who, what, where, when,* and *why* questions about what you surveyed.
   c. **R**ead: read to find the answers to your questions.
   d. **R**ecite: write and study the answers to your questions.
   e. **R**eview: reexamine all your notes.

5. Ask your child to look at questions at the end of the story before reading the story.

6. Have your child read a story and then make up test questions about it. Have him or her take the test or give it to you to take.

7. Have your child keep a notebook of vocabulary words along with their definitions and how they are used in sentences. You may want to go over this notebook with your child every once in a while.

L. Sugerencias para mejorar la comprensión

(Coincide con las Cartas 14, 15, 16)

1. Ayuden a su hijo o hija a fijar un propósito para leer, haciéndole una pregunta antes de leer el texto.

2. Después de leer, pídanle que resuma las ideas importantes, ya sea verbalmente o por escrito. Hablen acerca de por qué unas ideas se incluyen y otras no.

3. Después de leer, pídanle que escriba una oración de la idea principal o un nuevo título para el cuento. Luego escriban por lo menos tres detalles de apoyo.

4. Usen el método SQ3R (por sus siglas en inglés, *Survey, Question, Read, Recite, Review)* para leer o estudiar material con datos.

    a. Examinar: lean sólo los titulares, leyendas de ilustraciones y resúmenes.

    b. Preguntar: hagan preguntas sobre lo que examinaron usando *quién, qué, dónde, cuándo* y *por qué.*

    c. Leer: lean para contestar las preguntas.

    d. Recitar: escriban y estudien las respuestas a las preguntas.

    e. Repasar: vuelvan a examinar todos los apuntes.

5. Pidan a su hijo o hija que mire las preguntas que aparecen al final del cuento antes de leerlo.

6. Pídanle que lea un cuento y luego invente preguntas de examen acerca del cuento. Denle a contestar el examen o acepten contestarlo.

7. Sugiéranle que lleve un cuaderno de palabras de vocabulario con definiciones y oraciones que contengan el uso de las palabras. Se recomienda que revisen ese cuaderno con el niño de vez en cuando.

M. Resources for Parents

(Coincides with Letters 35, 36, 37)

The following list contains suggestions to assist you as you become an active partner in your child's education. Please check with your librarian for other available materials.

Trelease, Jim.
The New Read-Aloud Handbook.
New York: Penguin Books, 1995.

Hobson, M. and J. Madden.
Children's Fiction Sourcebook.
Vermont: Scolar Press, 1995.

Cullinan, Bernice.
Read to Me: Raising Kids Who Love to Read.
New York: Scholastic, 1992.

Lipson, Eden R.
The New York Times Parent's Guide to the Best Books for Children.
New York: Random House, 1991.

Hearne, Betsy.
Choosing Books for Children: A Common Sense Guide.
New York: Delacorte Press, 1990.

Fredericks, Anthony.
Raising Bookworms: A Parent's Guide to Reading Success.
Saratoga, CA: R & E Publishers, 1985.

Kaye, Peggy.
Games for Reading: Playful Ways to Help Your Child Read.
New York: Pantheon Books, 1984.

M. Recursos para los padres

(Coincide con las Cartas 35, 36, 37)

La siguiente lista contiene sugerencias que les ayudarán a tener un papel activo en la educación de su hijo o hija. Por favor pregunten en la biblioteca qué otros materiales están disponibles.

Schon, Isabel.
A Hispanic Heritage, No. IV: A Guide to Juvenile Books About Hispanic People & Cultures.
Scarecrow Press, 1991.

Schon, Isabel.
A Bicultural Heritage: Themes for the Exploration of Mexican & Mexican-American Culture in Books for Children & Adolescents.
Scarecrow Press, 1978.

Trelease, Jim.
The New Read-Aloud Handbook.
New York: Penguin Books, 1995.

Hobson, M. and J. Madden.
Children's Fiction Sourcebook.
Vermont: Scolar Press, 1995.

Cullinan, Bernice.
Read to Me: Raising Kids Who Love to Read.
New York: Scholastic, 1992.

Lipson, Eden R.
The New York Times Parent's Guide to the Best Books for Children.
New York: Random House, 1991.

Hearne, Betsy.
Choosing Books for Children: A Common Sense Guide.
New York: Delacorte Press, 1990.

Fredericks, Anthony.
Raising Bookworms: A Parent's Guide to Reading Success.
Saratoga, CA: R & E Publishers, 1985.

Kaye, Peggy.
Games for Reading: Playful Ways to Help Your Child Read.
New York: Pantheon Books, 1984.

N. Tuning in to Reading and Television

(Coincides with Letter 6)

The following suggestions will help your child appreciate both reading and television as well as the place each has in life.

1. Encourage your child to read about a favorite subject after watching a program about it. You can help by noticing special interests and giving him or her books about it.
2. Discuss programs your child watches to determine what is fantasy and what is reality, what is true or untrue, and what is real or unreal.
3. Encourage your child to write to television personalities and networks offering praise or complaints or asking questions.
4. Suggest that your child look for articles about television programs and stars in the newspapers.
5. Encourage your child to study the weekly television schedule. Each family member might select an evening's family viewing.
6. Join your child in watching some of his or her favorite programs. Bring up cause and effect by asking, "Why did he or she do that?" or "What will happen next?"
7. Give the television a day off. Have a family read-a-thon instead.
8. Suggest that your child use a TV listing and a calendar to develop a weekly family viewing schedule. Encourage your child to plan one hour of reading for each hour of TV.

N. Sintonizar la lectura y la televisión

(Coincide con la Carta 6)

Las siguientes sugerencias les ayudarán a valorar tanto la lectura como la televisión y además ver el lugar que cada una tiene en la vida.

1. Animen a su hijo o hija a leer sobre un tema favorito después de ver un programa de televisión relacionado. Una manera de ayudar es fijarse en intereses especiales y darle libros con ese enfoque.
2. Hablen acerca de los programas que su hijo o hija mira para determinar qué es fantasía y qué es realidad, qué es verdadero y qué no.
3. Sugiéranle que les escriba a personajes y canales de televisión para ofrecer elogios y quejas o para hacer preguntas.
4. Sugiéranle que busque artículos sobre programas y estrellas de televisión en los periódicos.
5. Pídanle que estudie el horario semanal de televisión. Cada miembro de la familia podría seleccionar los programas que la familia vea una noche.
6. Vean con su hijo o hija algunos de sus programas favoritos. En una conversación, incluyan causas y efectos con preguntas como "¿Por qué hizo eso? o "¿Qué va a pasar ahora?"
7. Asignen un día de feriado para la televisión. En su lugar, lleven a cabo un "maratón" de lectura familiar.
8. Sugieran a su hijo o hija que haga un horario familiar de televisión usando las listas de programas y un calendario. Denle ánimo para que planifique una hora de lectura por cada hora de televisión.

O. Personal Writing Experiences

(Coincides with Letters 23, 24)

Writing is an important part of everyday life. You can help your child become a better reader and writer by following some of these suggestions:

1. After your child draws a picture, have him or her tell you about it so you can write one or two sentences below it.
2. Consider mailing pictures with descriptions to friends or relatives. Show your child how to address the envelope.
3. Encourage your child to write thank-you notes for gifts, or watch as you write what he or she says.
4. Help your child keep a journal. Fasten lined paper together by tying yarn through the holes. Ask your child what happened that day and record his or her exact words. Each week review the material. As your child becomes better at writing, turn the writing over to him or her but continue the sharing.
5. Older children like keeping a diary—a natural outcome of keeping a journal. Be sure that a child's diary remains personal. Do not read it without permission.
6. Have your child write a book of definitions, such as "Imagination is…", "Loneliness is…"
7. Keep a special book or folder for unusual happenings. Either pictures or words can be used. Share this with the family.
8. Try to tickle your child's funny bone by having him or her rewrite familiar stories with amusing word changes. Share these during family time.

O. Experiencias personales de escritura

(Coincide con las Cartas 23, 24)

La escritura es una parte importante de la vida diaria. Para ayudar a su hijo o hija a leer y escribir mejor, sigan algunas de las siguientes sugerencias:

1. Después de que su hijo o hija hace un dibujo, pídanle que les hable de él para que ustedes escriban una o dos oraciones debajo.

2. Manden dibujos con descripciones a amigos o familiares. Muestren a su niño cómo escribir el sobre.

3. Sugiéranle que escriba notas de agradecimiento por regalos, o bien, que observe mientras escriben lo que él o ella diga.

4. Ayúdenle a llevar anotaciones diarias. Junten hojas de papel con líneas, pasando lana por los agujeros del papel. Pregúntenle al niño qué ocurrió ese día y anótenlo exactamente con sus palabras. Cada semana, repasen el material. A medida que que el niño mejora en la escritura, dejen que sea quien escriba, pero continúen la experiencia de compartir.

5. A los niños de mayor edad les gusta escribir un diario, un resultado natural de llevar anotaciones diarias. Asegúrense de que el diario del niño sea personal. No lo lean sin su permiso.

6. Pidan a su niño que escriba un libro de definiciones, como "La imaginación es…", "La soledad es…".

7. Organicen un libro o una carpeta especial para hechos fuera de lo común. Se pueden coleccionar fotos, dibujos o palabras. Compártanlos con el resto de la familia.

8. Traten de fomentar el sentido del humor de su niño pidiéndole que vuelva a escribir cuentos conocidos con cambios divertidos de palabras. Léanlos a la hora familiar.

P. Listening to Oral Reading: How To

(Coincides with Letters 3, 4)

The following tips will help both parent and child enjoy the experience of the child reading to the parent.

1. Establish a relaxed atmosphere.
2. Use a variety of easy reading material.
3. Be sensitive to your child's interests.
4. Have your child choose the material to be read.
5. Be a reassuring and supportive listener.
6. Remember that the meaning of what is read is much more important than reading the exact words. Ignore
   a. meaningful substitutions such as "tiny, little cat" instead of "small, little cat."
   b. omitting an insignificant word that does not change the meaning such as "told what he heard" instead of "told what he had heard."
   c. word order changes that do not affect meaning such as "put the tent up" instead of "put up the tent."
   d. addition of words that do not change meaning such as "the little old man" instead of "the old man."
7. Be aware that most people understand more when reading silently than when reading orally. Provide your child with opportunities to read a selection silently before reading it aloud.

P. Escuchar la lectura oral: Cómo hacerlo

(Coincide con las Cartas 3, 4)

Los siguientes consejos ayudarán a padres e hijos a disfrutar la experiencia del niño de leerle a uno de sus padres.

1. Establezcan una atmósfera relajada.
2. Usen una variedad de material fácil de lectura.
3. Tengan consideración por los intereses de su hijo o hija.
4. Dejen que escoja el material que va a leer.
5. Escuchen dando confianza y apoyo.
6. Recuerden que el significado de lo que se lee es mucho más importante que leer las palabras exactas. Ignoren
   a. sustituciones lógicas, como "gato chiquito" en vez de "gato pequeñito".
   b. omisión de una palabra insignificante que no cambia el significado, como "dijo lo que escuchó" en vez de "dijo lo que había escuchado".
   c. cambios en el orden de las palabras que no afectan el significado, como "levantó el pedazo largo" en vez de "levantó el largo pedazo".
   d. inclusión de palabras que no cambian el significado, como "hojas blancas de papel" en vez de "hojas de papel".
7. Tengan en mente que la mayoría de personas entienden más cuando leen en silencio que cuando leen oralmente. Denle a su niño oportunidades de leer una selección en silencio antes de leerla en voz alta.

FROM *LETTERS TO PARENTS IN READING*, PUBLISHED BY GOOD YEAR BOOKS. COPYRIGHT ©1998 GOOD YEAR BOOKS.

Q. Tips for Oral Reading

(Coincides with Letters 3, 4)

When your child reads aloud, always remember that one necessary ingredient is your attention. Listen while your child reads. Try not to become another teacher. Here are some other tips:

1. Have your child read only parts of a story to you, such as the humorous parts or any dialogue.
2. Take turns reading alternate paragraphs with your child.
3. Have your child practice by reading into a tape recorder and listening to himself or herself afterwards. This is a great confidence builder.
4. Read aloud to your child. Make intentional mistakes and see if he or she can detect them. Be obvious at first.
5. Before reading a story, tell your child to listen very carefully because you are going to stop before the end. When you stop, ask your child to finish the story with a possible ending. Don't forget to read ahead first to find a good stopping point.
6. Keep a family calendar. Have your child read the daily entries.
7. Encourage your child to read the menu when the family eats out.
8. Have your child read aloud the directions to a new game.
9. Let your child read aloud road signs on a short trip.
10. Encourage your child to read aloud television program descriptions before he or she selects a program.

Q. Consejos para la lectura oral

(Coincide con las Cartas 3, 4)

Cuando su hijo o hija lea en voz alta, recuerden siempre que un ingrediente necesario es la atención de ustedes. Escuchen mientras su niño lee. Procuren no convertirse en otros maestros. A continuación se dan otros consejos:

1. Pidan a su hijo o hija que lea sólo partes de un cuento, como las partes divertidas o el diálogo.
2. Lean párrafos alternando turnos con el niño.
3. Invítenlo a practicar, grabando lo que lee y escuchándose a sí mismo después. Esto es muy efectivo para dar confianza.
4. Lean en voz alta a su niño. Cometan errores intencionales y vean si los detecta. Háganlo obvio al principio.

5. Antes de leer un cuento, pidan al niño que escuche con cuidado porque van a parar antes del final. Al parar, pídanle que termine el cuento con un final posible. No se olviden de leer con anticipación para buscar un buen punto donde parar.
6. Usen un calendario familiar. Pidan al niño que lea el texto de cada día.
7. Sugiéranle que lea el menú cuando salgan a comer.
8. Pídanle que lea en voz alta las instrucciones de un juego nuevo.
9. Dejen que lea en voz alta los rótulos durante un viaje corto.
10. Sugiéranle que lea en voz alta las descripciones de programas de televisión antes de seleccionar un programa.

R. Ten Commitments for Parents

(Coincides with all Letters)

1. I will read with my child(ren) on a daily basis.
2. I will provide my child(ren) with a quiet, comfortable place to read and study.
3. I will encourage my child(ren) to develop a personal library and will contribute to it regularly.
4. I will provide my child(ren) with a wide range of experiences.
5. I will talk with (not to) my child(ren) on a daily basis.
6. I will praise my child(ren) for at least one success or improvement each day.
7. I will hug my child(ren) at least once a day.
8. I will respect each child as an individual—each with his or her unique talents and abilities.
9. I will provide family activities that encourage my child(ren) to grow in mind, soul, and body.
10. I will encourage my child(ren) to view reading as an enjoyable and fulfilling lifetime experience.

R. Diez compromisos para los padres

(Coincide con todas las cartas)

1. Voy a leer con mi(s) hijo(s) todos los días.
2. Voy a dar a mi(s) hijo(s) un lugar tranquilo y cómodo para leer y estudiar.
3. Voy a animar a mi(s) hijo(s) a formar una biblioteca personal y voy a contribuir a ella regularmente.
4. Voy a dar a mi(s) hijo(s) una amplia gama de experiencias.
5. Voy a hablar con (no a) mi(s) hijo(s) todos los días.
6. Voy a elogiar a mi(s) hijo(s) sobre al menos un logro o mejoría cada día.
7. Voy a abrazar a mi(s) hijo(s) al menos una vez al día.
8. Voy a respetar a cada niño como individuo, con sus talentos y habilidades únicas.
9. Voy a dar actividades familiares que estimulan el crecimiento de mi(s) hijo(s) en cuanto a mente, alma y cuerpo.
10. Voy a animar a mi(s) hijo(s) a ver la lectura como una experiencia placentera y satisfactoria para toda la vida.